国会をみよう

国会パブリックビューイングの試み

上西充子

集英社

国会をみよう

国会パブリックビューイングの試み

目次

装幀　坂川朱音
本文デザイン　坂川朱音+田中斐子（朱猫堂）
装画・挿絵　とり・みき

凡例

＊本文中で引用した国会内での発言は、基本的に、国会会議録に従った。ただし、読みやすさを考慮して、漢字を平仮名に置き換えたり、句読点や鉤括弧を加えたり、括弧書きで説明を補った箇所がある。
また、実際の発言を再現することが特に重要な場面については、国会審議インターネット中継の映像から、言い淀みや言い直しなども含めて、語り口を残したかたちで書き起こした。

＊役職名や政党名、会派名については、すべて、それぞれの記述で言及されている時点のものである。

＊ツイッター上での発言の明らかな誤入力については、訂正して掲載した。

＊図版を掲載するさい、著作権の観点から割愛した部分がある。

国会をみよう

国会パブリックビューイングの試み

はじめに

国会パブリックビューイングの街頭上映は、夕方から始める。スクリーンを組み立ててプロジェクターから映像を映し出すので、あたりが暗くないと映像が見えにくいからだ。

自分たちがどういう団体か、何をしようとしているのかは、あまり語らない。「国会パブリックビューイングです」と紹介して、すぐに本題に入る。道行く人が蹴《け》ってしまわないように、機材を覆《おお》うかたちで立てかけた看板の「国会パブリックビューイング」の文字が、団体紹介の代わりである。

開催の時間と場所は、事前にツイッターで告知しているが、開始前からその場で待つ人は数名。働き方改革、外国人労働者の受け入れ拡大、統計不正問題――解説を加えながら国会審議映像を上映すると、次第に足をとめる人が増えてくる。プロジェクターとスクリーンの距離を半径とした半円の形に自然と人が集まる。かごに入れた「柿の種」を途中で配って、それをつまみながら一時間前後の街頭上映に参加してもらう。そんな活動を始めて一年あまりが経《た》った。

自分が街頭行動を主催するようになるとは、それまでは考えもしなかった。集会でスピーチをするという経験も、二〇一七年九月十四日の院内集会が初めてだ。なのに、二〇一八年六月十五日に東京・新橋駅前のSL広場で働き方改革の国会審議映像を上映しながら解説をおこなったのを皮切りに、「国会パブリックビューイング」という団体を作り、代表を務め、寄付を募《つの》り、映像番組を作り、街頭上映をおこない、シンポジウムを開催し、各地に上映交流会に出かけ……と、さまざまに活動してきた。映像を切り出すスキルも、上映するスキルも、私にはないが、それらのスキルを持つ方々と出会い、ともに活動してきた。

活動を始めたきっかけは、マスメディアや既存の市民運動・労働運動の力だけでは、いま国会で起きている問題について、広く市民に共有されていないと感じたからだ。このままでは、さらに状況が悪化するという危機感があった。自分の思うように街頭行動をやってみると、反応が返ってくる面白さがあった。自分たちで街頭行動をおこなう経験を通して、自分たちが主権者であり、政治を変える主体なのだという自覚も芽生えてきた。

従来の市民運動・労働運動に便乗するかたちで新しい要素を付け加えるのではなく、自分たちで独自に団体を作って、自分たちが考えるスタイルで街頭行動を実施してきたからこそ、従来の街頭行動には足をとめなかった人が足をとめてくれていると感じる。また、自分たちでやってみるという行動を私たちが示しているからこそ、自分もなにかやってみようと動く人たちが、各地で生まれてきていると感じる。

テーマを広げ、活動を続けていくなかで、国会という公開の場で審議がおこなわれることの意味も次第に見えてきた。数の力は大きいが、数の力で法改正を進めていくことだけが国会なのではなく、野党議員が緻密《ちみつ》な質疑によって問題をあぶりだし、答弁を引き出し、言質《げんち》を取って法制度の改善につなげていく、そんな粘り強い努力がおこなわれていることが見えてきた。

国会という場にも、市民運動という活動にも、私は関わり始めたばかりで、概説的に語れるような知見はない。けれども、国会パブリックビューイングという手作りの小さなメディアが注目を集めたのは、私たちが主権者として政治に関わっていくうえでの、新しい可能性がそこに垣間《かいま》見えたからではないか。国会パブリックビューイングの歩みと問題意識をここに記録しておくことから、何かを汲《く》み取って活かしていただければと願う。

第　一　章

国会で起きていること

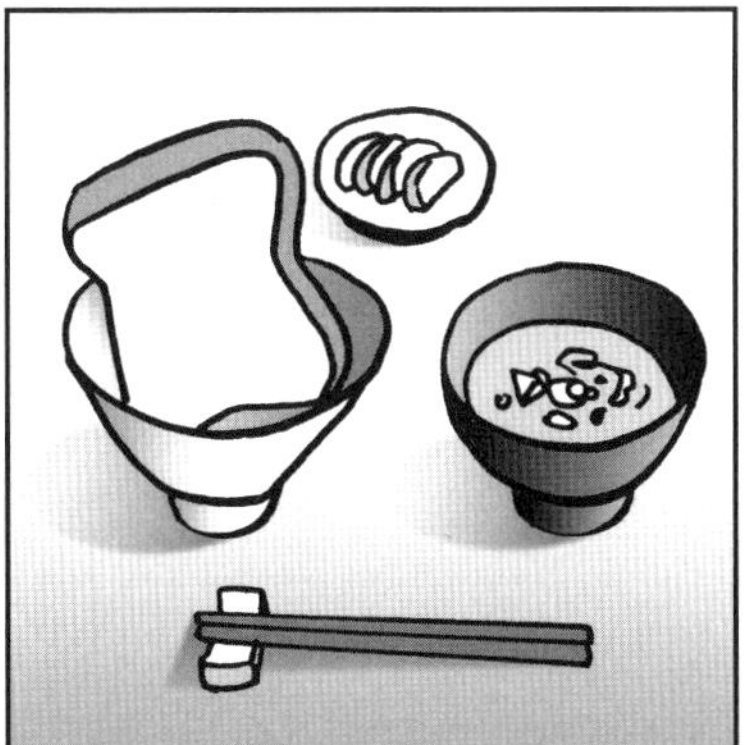

論点ずらしの「ご飯論法」

Q「朝ごはんは食べなかったんですか?」
A「ご飯は食べませんでした(パンは食べましたが、それは黙っておきます)」

国会での野党議員の追及に対する加藤勝信《かつのぶ》厚生労働大臣の論点ずらしの答弁ぶりを、このように朝ごはんをめぐるやりとりにたとえて二〇一八年五月六日にツイートしたところ、一日のうちに、千を超えるリツイートがついた。

知りたいのは朝ごはんを食べたか否《いな》かであるのに、「ご飯(白米)」を食べたかを問われているかのように勝手に論点をずらし、「ご飯は食べませんでした」と答える。あたかも何も食べなかったかのように質問者に思わせ、パンを食べていたことを隠し、それ以上の追及から逃れようとする。

一見したところ答弁の語り口は丁寧《ていねい》そうだが、実際には質問に誠実に答えようという姿勢がまったくない。このような答弁がくり返される「働き方改革関連法案」のやりとりをインターネット審議中継で見ていて、これでは国会の審議は深まりようがないと思った。

ツイートへの反響の大きさに促され、実際の国会審議の実例と照らし合わせてウェブ記事[*1]にまとめたのが、翌日の五月七日。同日には、その記事を見たブロガーの紙屋高雪《かみやこうせつ》氏が、ツイートで次のように言及した。

この「ご飯論法」を初めて森友問題で聞いたとき足元が崩壊する感覚に襲われた。「(文書の存在を) 確認したか?」と聞いてんのに「(ルールを一般的に) 確認した」と答弁。これじゃあ全ての審議前提が崩れるわ。[*2]

政権にとって不都合な問題の追及を逃れるために、論点をずらしてのらりくらりと答弁し、質疑時間を空費する。そんな手法が国会答弁で横行していることが、「ご飯論法」という言葉で浮き彫りになった。この言葉は「『現代用語の基礎知識』選　二〇一八　ユーキャン新語・流行語大賞」のトップテンにも選ばれた (紙屋高雪氏と筆者の共同受賞)。

なぜ『今日の国会ダイジェスト』はないのか

法律の制定や改正のために国会に法案が提出され、審議される。さまざまな社会問題が国会で取りあげられ、制度の改善や新たな法制度の整備につなげられる。私たちの社会をよりよくするために法制度があり、その法制度を整えるために国会の審議がある。そして、法制度に基づく行政の運営が適切におこなわれているかが国会において監視される。本来はそうだ。その国会審議が形だけのものに貶《おとし》められ、問題のある法の制定や改正が審議によって問題点を明らかにされることなく数の力で押し通されていくとき、そして国会が行政監視の機能を果たそうとしても不誠実な答弁がくり返されていくとき、私たちはどうすればよいだろうか。

　国会議員は選挙によって選ばれ、内閣総理大臣は国会議員の中から国会の議決で指名されるので、私たちは選挙を通じて総理大臣や閣僚に辞任を迫り、政権交代を実現させることができる。また、日々の国会審議は、すべての発言が官報に掲載され、インターネットでも「国会会議録検索システム」によって確認が可能になっている。さらにＮＨＫで放送されないものも含め、すべての国会審議はインターネット審議中継によってリアルタイムで、また録画で確認することができる[*3]。公開性を保つことも、記録を保存することも、まともな国会審議を実現させるための条件整備と見ることができる。

　けれども、そのように条件が整備されていても、実際には平然と「ご飯論法」のような論点ずらしが横行してしまうのだ。何を訊《き》かれても質問とは別の事柄について同じ説明をくり返して、野党議員の質疑の持ち時間を奪うことも戦略的におこなわれている。

　そんなことがまかり通ってしまっているのは、私たちが国会に関心を向けてこなかったからだろう。不誠実な答弁をくり返していても、内閣支持率や選挙結果に影響することはないと見られているのだ。

　報道も充分に役割を果たせていない。与野党対決の重要法案について、委員会で強行採決がおこなわれる混乱の場面は、ニュース映像で伝えられるが、本来は採決に至る前の国会審議そのものが報じられるべきだ。国会に提出された法案はどういう意味を持つのか。論点は何で、なぜ野党は反対しているのか。野党が指摘する問題に政府はどう答えているのか。それらを報じてこそ、数の力による強行採決を防ぐ役割を発揮することができる。

だから本当は、『プロ野球ニュース』やかつての『大相撲ダイジェスト』のように、国会会期中は『今日の国会ダイジェスト』があってほしい。問題を含んだ法案が、いつの間《ま》にか成立して、そのあとで法制度の変更の悪影響に社会が苦しむのではなく、論点を浮き彫りにして、その論点をめぐってどういう質疑と答弁が展開されているのかを日々、整理して報じてほしいのだ。

そのようにして国会が報じられ、国会議員としての日ごろの活動が知られていてこそ、選挙の際にも「この議員に」「この政党に」と、より適切に選ぶこともできるだろう。現状では投票日の開票速報で当選した議員の喜びの姿や政党ごとの議席の増減は伝えるものの、それらの議員の本業である国会審議での質疑が報じられることが、特にテレビでは、あまりに少ない。

重要な法案については、テレビのニュース番組で国会審議の様子が取りあげられることはある。けれども、たいていの場合には、野党議員の質疑はアナウンサーによる要約に置き換えられ、それに対する総理大臣や担当大臣の答弁だけが短く編集した映像によって紹介されがちだ。これだと、野党議員がどのように問題に切り込んでいるのかがわからない。野党議員の質疑と噛《か》み合わない答弁を政府側がおこなっていても、それに気づくこともできない。

噛み合わない答弁をおこなっているということは、明らかにされるべき問題が巧妙に隠されているということであるのに。

「ご飯論法」答弁の実例

実際の国会審議を一連の「やりとり」として見ると、論点ずらしの答弁は、不都合な事実を隠そうとするときにおこなわれていることがわかる。正面から答えてしまうと報じられてしまい、問題が明るみに出て、野党のさらなる追及のもとになる――だから、報じる材料も与えず、追及の材料も与えないために、論点をずらして時間を稼ぎ、問題をうやむやにしてしまおうというわけだ。

一例を示そう。「ご飯論法」と名づけられた朝ごはんをめぐるやりとりと似たものが、二〇一八年三月五日の参議院予算委員会で、民進党の石橋通宏《みちひろ》議員と加藤勝信厚生労働大臣のあいだであった。前日の三月四日の日曜日に朝日新聞が第一面トップで「裁量労働　社員が過労自殺　違法適用の野村不動産」と報じたのを受けて、翌日の月曜日の午前中に、石橋議員が取りあげたものだ。

野村不動産に対しては、二〇一七年の十二月二十五日に厚生労働省東京労働局が、裁量労働制の違法適用があったとして異例の「特別指導」をおこない、その特別指導の実施を翌日の十二月二十六日に記者会見で伝えていた。しかし実際にはその背後で、裁量労働制を違法適用された同社の男性社員が過労自死しており、労災の申請がおこなわれ、労災認定されていた。一カ月の残業時間は百八十時間超にも及んでいたという。新宿労働基準監督署による労災認定の日は、野村不動産への「特別指導」の翌日。まさに記者会見で「特別指導」が記者に伝えられた、その日だった。そのことを三月四日の朝日新聞は、独自取材により報じたのだ。

この報道より前に、安倍晋三《しんぞう》首相や加藤大臣は、野村不動産への特別指導を、裁量労働制の違法適用に対して厳しく指導している実績であるかのように答弁で言及していた。しかし実際には、過労死の労災申請があって初めて違法適用が明らかになったのではないか。労災の申請と認定という事実を把握しながらそれを隠して、裁量労働制の違法適用がある場合には厳しく対処できるかのように特別指導にのみ都合よく言及していたのではないか。それが、石橋議員の追及のポイントだった。

では、どういうやりとりがおこなわれたか。国会会議録によれば、左記のとおりだ。

石橋議員　野村不動産の件についてお伺いしたいと思います。
日曜日の朝日新聞の朝刊一面トップ、裁量労働制、野村不動産の裁量労働制、まさに昨年末に発表された、問題となった違法適用、この対象になっていた労働者の方、五十代の男性社員、二〇一六年九月に過労自殺をしておられた。
昨年、ご家族が労災申請をされて、まさに特別指導の結果を公表された十二月二十六日、その日に労災認定が出ていたということです。
　総理、この事実は、ご存知でしたね。
安倍首相　まずですね、ちょっと厚労大臣から答弁、この件については政府の対応について答弁させていただいた後に、私から答弁させていただきたいと思います。
金子委員長　加藤厚生労働大臣。（発言する者あり）安倍内閣総理大臣。
安倍首相　これは、特別指導についてですか。特別指導について、報告を受けたということですか。（発言する者あり）
金子委員長　速記を止めてください。
［速記中止］
金子委員長　速記を起こしてください。
安倍首相　特別指導については報告を受けておりましたが、今のご指摘については、報告は受けておりません。
石橋議員　安倍総理は報告を受けていなかったと。
　加藤厚労大臣は、もちろん知っておられたんでしょうね。
加藤厚労相　それぞれ労災で亡くなった方の状況について、逐一《ちくいち》私のところに報告があがってくるわけではございませんので、ひとつひとつについて、そのタイミングで知っていたのかと言われれば、承知をしておりません。
石橋議員　知っておられなかったと、この事案。

安倍首相の答弁からは、あたふたとした様子が伝わってくるだろう。映像で見ると、安倍首相は後ろに控える内閣総理大臣秘書官の方を振り返りながら、答弁内容を調整しているように見える。安倍首相は加藤大臣に先に答弁させようとし、金子原二郎委員長も加藤大臣に発言を促しているが、「（発言する者あり）」と国会会議録に記された箇所では、石橋議員が「総理、総理に、知ってたかと。総理、総理、総理」と、安倍首相に答弁させるよう求めていた。

質疑がおこなわれたのは、月曜の午前中。前日の日曜に報じられたスクープを受けたばかりで、政府としてどう対応するかが定まっていなかったらしいことが安倍首相の様子からうかがわれる。一方で加藤大臣は、後ろの官僚と迅速《じんそく》に文書のやりとりをしたうえで、よどみなく答弁している。

問題は、その加藤大臣の答弁の中身だ。「承知をしておりません」と結ばれており、石橋議員も、「知っておられなかったと、この事案」と答弁を受けて確認している。しかし、発言をよく聞きなおすと、加藤大臣は論点をずらして答弁しており、この野村不動産の社員の過労自死をめぐる労災申請や労災認定については、知っているとも知っていないとも、言及を避けていることがわかる。

石橋議員が「この事実は、ご存知でしたね」と問うているのに、加藤大臣は、「それぞれ労災で亡くなった方の状況について」と話を一般化したうえで、「逐一私のところに報告があがってくるわけではございませんので、ひとつひとつについて、そのタイミングで知っていたのかと言われれば」と勝手に限定をつけて、承知していないと答えている。つまり、個別の労災事案のひとつひとつについて詳細を把握しているわけではないと、一般論として答えたというわけだ。

しかし、国会審議は、文書ではなく口頭でのやりとりだ。このように答弁されれば、この野村不動産の事案を把握していなかったと答弁したように聞こえる。「そのタイミングで」の「その」も、特別指導がおこなわれたタイミングを指しているように聞こえる。何を指しているかが実は不明な「その」という指示語も使いながら、答えたふりをしつつも言質《げんち》を与えず、巧妙に質疑をかわす。加藤大臣の「ご飯論法」が、よく表れた答弁だ。

不誠実さの背後にあるもの

このやりとりで加藤大臣が答弁すべきは、「知らなかった」か「知っていた」かのいずれかだ。しかし、加藤大臣は、いずれの答弁も避けた。答えられない事情があるならば、「個別の事案については、お答えできない」という答弁の仕方もある。国会答弁で多用される表現だ。しかし、そう答えることもしなかった。

「知らなかった」と答えても、「知っていた」と答えても、「個別の事案については、お答えできない」と答えても、批判を招き、追及が続く。ならば、「知らなかったのだな」と相手に思わせるような答弁によって、これ以上の追及を防ごう――加藤大臣の答弁は、そのような戦略に基づく答弁だ。これは野党議員を騙《だま》す答弁であり、野党議員の背後にいる私たち国民を騙す答弁だ。

このように野党議員を騙してまで答弁を回避しようとしたのは、おそらくは、野村不動産において裁量労働制を違法適用された社員の過労自死の労災認定事案を、政府として把握していたからだろう。把握していながらそのことを隠し、違法適用について異例の特別指導をおこない、記者会見で異例の公表までしていたのは、二〇一八年の第一九六回通常国会で裁量労働制の対象業務の拡大を、働き方改革関連法案によって実現させるためだっただろう。

裁量労働制は柔軟な働き方を可能にするとうたわれながらも、残業の実態に応じた残業代（割増賃金）を支払わずにすむ制度であるため、長時間労働を助長し、過労死を増やすという問題を、野党や労働団体はくり返し指摘してきた。そのなかで、裁量労働制の違法適用事案に特別指導をおこなったという実績は、政府にとって積極的にＰＲしたい実績であっただろう。他方で、その背後に労働裁量制を違法適用された社員の過労自死という悲劇があったことや、おそらくは遺族の労災申請によって初めてその違法適用の問題が発覚したことは、なんとしても隠しておきたいことだったのだろう。

そう考えていくと、加藤大臣が答弁を避けたことは、単に特別指導の背後事情を隠したという問題にとどまらない。裁量労働制は濫用《らんよう》の危険が高く、濫用されていてもその違法性を労働者が主張しにくい。その裁量労働制が大手有名企業で違法適用され、過労自死という悲劇に至るまで、そこに手が打たれなかった。そして問題が発覚した後も、政府はその事実に真摯《しんし》に向き合う姿勢を示していない。そういう政府が裁量労働制の拡大を進めようとしていたわけで、つまりは、この先に起きうる健康被害の可能性についても、政府は向き合おうとしていないことが、ここからうかがわれるのだ。

その後、野党はこの特別指導がどのような意思決定プロセスを経ておこなわれたのか、文書の開示を求めたが、開示された文書は、ほとんどが黒塗《くろぬ》りだった。過労死、労災申請、労災認定といった言葉が含まれていたはずだが、加藤大臣は個人情報への配慮などを理由に、開示を拒《こば》み続けた。

しかし、国会で追及が続くなかで、遺族から労災認定を公表してもよいという趣旨のファクスが東京労働局と新宿労働基準監督署に届く。遺族の意向がそうであるなら、労災認定の事実を認めることの支障はなくなる。にもかかわらず、加藤大臣は黒塗りを外すことを拒み続けた。

朝日新聞の取材班は、『ドキュメント「働き方改革」』（旬報社）にその経緯を次のように記している。遺族が公表の意向を示した以上、黒塗りの一部を外すことが妥当だと厚生労働省幹部が判断したのに対し、加藤大臣は「何の意味があるんだ」と怒号し、その提案を受け入れずに、こう言ったという。

理屈じゃない。これは戦いなんだ。

いったい、誰に対する、何のための戦いなのか。加藤大臣にとっては、政府として裁量労働制の対象業務を拡大するという方針を決めた以上、その方針にとって支障となる不都合な事実は、何としてでも認められない、どのような譲歩もすべきではないということだったのだろう。

しかし、政府がこんな姿勢では、私たちは困るのだ。問題には真摯に向き合い、進めようとしている法改正が問題を拡大させる恐れがあるならば、いったん立ちどまり、適切な対処が検討されなければならない。にもかかわらず、国会の場で追及されても、政府は頑《がん》としてその指摘をはねのけ続けた。

不都合な事実には向き合わない政府答弁

ここまで、野村不動産における裁量労働制の違法適用をめぐる国会質疑を取りあげてきた。これに対して、「いや、訊き方が悪いんじゃないの」という疑問もあるだろう。論点ずらしを認めないような訊き方をすればいいだけの話ではないのかと。

そういう問題ではないのだということを示すために、もう一例、社会民主党の福島みずほ議員に対する山越《やまこし》敬一労働基準局長の二〇一八年六月七日の参議院厚生労働委員会における答弁を挙げておこう。これも働き方改革関連法案の国会審議のなかでのことだ。

働き方改革関連法案は、働く人のための働き方改革というイメージを振り撒《ま》きながら、実際は労働者側が求める時間外労働の上限規制と、経営側が求めた二種類の労働時間の規制緩和策を抱き合わせで含んだ一括法案だった。二種類の労働時間の規制緩和策とは、前述した裁量労働制の対象業務の拡大と、高度プロフェッショナル制度の導入だ。このうち高度プロフェッショナル制度は、一定の年収以上の高度専門職（当面の対象は、金融商品のディーリング業務など五業務）を対象に、労働基準法の労働時間規制を適用除外するものだ。

適用除外という言葉には、説明が必要だろう。労働基準法の労働時間規制とは、労働者を働かせる使用者（この言葉には、雇われ店長なども含まれる）を規制して、働かせ過ぎを防ぐためのものだ。一日の労働は八時間以内とか、それを超えて残業させる場合には三六《さぶろく》協定を労使で結んでその範囲内でしか認められないとか、八時間を超える法定時間外労働や深夜労働や休日労働に対しては法律が定める割増賃金を支払わなければいけないとか、使用者にさまざまな規制をかけている。

それを適用除外するということは、使用者が対象労働者を働かせるにあたって、それらの規制に縛られないということであり、つまりは八時間を超えて働かせてもよく、そのさいに三六協定の締結も必要ではなく、時間外労働や深夜労働や休日労働に対する割増賃金の支払いも必要ではないということになる。労働者から見れば、割増賃金を受け取る権利を失うことになる。

さらに、高度プロフェッショナル制度は、働き方改革関連法案によって新たに設けられる時間外労働の上限規制の対象外であるので、労働者はその法的規制によって働きすぎないように守られることもない。制度の適用にあたって本人の同意が必要とされているものの、リスクの大きい働き方と言える。

けれども、この高度プロフェッショナル制度について、加藤厚生労働大臣は、働く方の要望に基づくものであり、こういう制度を希望する方のための選択肢として設けるものであるかのように国会答弁で説明していた（二〇一八年一月三十一日参議院予算委員会。民進党の浜野喜史《よしふみ》議員に対する答弁）。

それに対して、どうやって働く人のニーズを聞き取ったのかと野党が追及していくと、ヒアリングを実施したのは十二名に対してだけであることがわかってきた。ヒアリングの内容として公表されたのも、それぞれ一行から四行の短いコメントのみだった。後からわかったところでは、いちばん早い時期のヒアリングも二〇一五年三月三十一日の実施であり、この制度を含んだ労働基準法改正案の要綱が労働政策審議会に諮問《しもん》された同年二月十七日や、答申がおこなわれた三月二日より後におこなわれたヒアリングばかりだった。さらに、十二名のうち九名分は、前述の浜野議員の質疑の翌日の二〇一八年二月一日になってから実施したものだった。

そんなアリバイ作りのようなヒアリングで、労働者のニーズを聞き取ったというが、では、高度プロフェッショナル制度が労働基準法の労働時間規制を適用除外する制度だとちゃんと説明したうえで労働者にニーズを聞き取ったのか。二〇一八年六月七日の福島議員の参議院厚生労働委員会における質疑は、その点を問うものだった。そのやりとりをご覧いただきたい。

福島議員　しかもこれ、おかしいですよ、問いが。この十二人というか、今年九人にヒアリングをやるときに、高度プロフェッショナル法案、労働時間、休憩、休日、深夜業の規制がない労働者を、あなたは望みますかという質問をしたんですか。

山越労働基準局長　いずれにいたしましても、このヒアリングでございますけれども、こういった高度な専門職に就《つ》かれている方の働き方についてのニーズを把握する目的でおこないまして、その結果、こういったご回答をいただいているところでございます。

福島議員　答えていないですよ。大臣は、高度プロフェッショナルに関して、ニーズをどうやって把握したかということに関して、衆議院の厚生労働委員会で、十数名からヒアリングをおこないましたと、これが根拠になっていたんですよ。唯一の根拠ですよ、唯一の。唯一、話を聞いたという根拠がこの十二名で、それがどうして（今年の）二月一日なんですか。しかも、これ漠然としていますよね。たとえば、今年、さまざまな知見を仕入れることが多く、仕事と自己啓発の境目を見付けるのが難しい。なんでこれが高度プロフェッショナルを望む声になるんですか。誰も、高度プロフェッショナルの具体的な中身を聞いて、それを支持すると言っている中身ではないですよ。

　高度プロフェッショナル法案の一番重要なこと、労働時間、休憩、休日、深夜業の規制がなくなります、そういう働き方を望みますかと訊いたんですか。

山越労働基準局長　いずれにいたしましても、このヒアリングでございますけれども、その日常業務のなかで、こういった高度専門的な業務に従事する方の仕事に対するニーズを把握したものをまとめたものでございます。
　内容といたしましては、ここにもございますように、たとえば、一日数時間の研究をくり返すよりも集中してやったほうがいいと、裁量である期間集中するということを働き方として希望するということでございますとか、パフォーマンスが高いスタッフに多くの報酬が与えられるようになればモチベーションがあがるということでございまして、そういうことからすれば、高プロの趣旨とするような働き方を希望されている、そういったことを高度な専門職の方が表明された例だというふうに考えております。

福島議員は「労働時間、休憩、休日、深夜業の規制がない労働者を、あなたは望みますかという質問をしたんですか」と、イエスかノーかではっきり答えられるかたちで核心的な問いを発している。にもかかわらず、山越労働基準局長は、「いずれにいたしましても」のひと言でその問いをかわし、訊かれたことに答えていない。
福島議員は「答えていないですよ」と指摘し、もう一度、「高度プロフェッショナル法案の一番重要なこと、労働時間、休憩、休日、深夜業の規制がなくなります、そういう働き方を望みますかと訊いたんですか」と問うが、山越労働基準局長は再び「いずれにいたしましても」のひと言だけでその質問をかわし、訊かれていないことを答えて時間をつぶし、あたかも何かを答えたかのように装《よそお》っている。

この山越労働基準局長の答弁だけを取り出してみれば、不誠実さは見えてこない。けれども、質疑と答弁という「やりとり」として見れば、その不誠実さは明らかだ。質問に答えようとする姿勢は、まるでない。

ここにもやはり、不都合な事実には向き合わない政府の姿勢が表れている。本当は労働者のニーズに基づく制度ではないのに、あたかもそうであるかのように装って、「多様な働き方の選択肢」のひとつとしてこっそり高度プロフェッショナル制度を導入しようとし、使用者にとって都合のよい働き方でしかないという指摘に向き合わずに済むように、質疑を徹底的にかわし続ける。そんな国会審議が、働き方改革関連法案をめぐって続いたのだ。

数の力に対抗するには

こんな不誠実な国会答弁が続く国会の現状は、どうしようもないのだろうか。強行採決ができてしまう議席数を与党が有している以上、国会に出された法案は、どんなに問題があっても成立するのを見守るしかなく、それを変えたいならば、選挙で議席配分を変えていくしかないのだろうか。

私は、そうは思わない。もしそうであるなら、国会審議は意味を失う。国会審議の意味を失わせてはいけない。審議を通じて、どのような課題に対してどう対策を取ろうとしているかが国民に明らかにされ、その対策が適切であるかが、データや事例や証言や他国との比較や過去の歴史などと照らし合わせながら検討される。あるいは、そもそもの課題認識が適切であるかが、改めて問い直される。そういう丁寧な審議を経たうえでの、最後のプロセスが多数決であるべきだ。

立憲民主党の枝野幸男代表は二〇一八年七月二十日の衆議院本会議における内閣不信任決議案趣旨弁明演説のなかで「民主主義とは単純な多数決とイコールではありません」と指摘したうえで、次のように語っている。[*4]

なぜ、民主主義において多数決という手段が使われるのか。それは、多数の言っていることが正しいからではありません。熟議を繰り返した結果として、多数の意見であるならば、少数の意見の人たちも納得するからです。多数決というのは、少数意見の人たちも納得するための手段として多数決が使われるんです。少数意見を納得させようという意思もない多数決は、多数決の濫用です。多数決が少数の人たちを納得させる手段として正当性を持つためには、多数決の前提として、正しい情報が開示されなければいけません。

だから、民主主義を本来のかたちで機能させるためには、議席数の配分だけではなく、国会審議そのものに注目することが必要なのだ。注目することによって、ほとんど審議もなくいつの間にか法改正がされるような事態や、野党の指摘に耳を傾けずに強行採決がおこなわれるような事態を防ぐことが必要なのだ。

私が国会パブリックビューイングの取り組みを始めたのは、国会審議で問題点を明らかにすることには意味があると考えたからだ。実際、意味はあった。前述した裁量労働制の対象業務の拡大は、国会審議を経て、働き方改革関連法案から削除されたのだ。

法案からの削除は、前述した野村不動産の労災の問題が、二〇一八年三月四日に表面化する前の二月二十八日の深夜に、首相判断でおこなわれた。実際に国会に法案が提出され、趣旨説明がおこなわれたのは、これよりあとの四月二十七日だが、法案要綱は労働政策審議会に諮問され、二〇一七年九月十五日には「おおむね妥当と認める」と答申されていたので、[*5]二〇一八年一月の通常国会開始当初から、予算委員会では働き方改革関連法案に関する審議は実質的に始まっていた。

そのなかで、一月二十九日に安倍首相が衆議院予算委員会で、裁量労働制の拡大により過労死が増えるとの立憲民主党の長妻昭《ながつまあきら》議員の指摘に対して、

厚生労働省の調査によれば、裁量労働制で働く方の労働時間の長さは、平均的な方で比べれば、一般労働者よりも短いというデータもあるということは、ご紹介させていただきたいと思います。

と発言。この答弁に私は疑問を持ち、このデータの出所が平成二十五年度労働時間等総合実態調査であることが判明して出典を確認したところ、このような比較ができるデータではないことに気づいた。

そこで疑問点をウェブ記事にまとめて長妻議員に連絡し、長妻議員や希望の党の山井和則《かずのり》議員らとともに、二月七日に議員会館で厚生労働省の担当職員に詳細を問うたところ、当初の疑問はいっそうふくらみ、その後の国会で野党側が問題を追及。二月十四日に安倍首相が異例の答弁撤回に至り、さらに野党側がもとの調査データを提出させたところ、説明のつかない異常値が多数見つかって国会審議が紛糾し、二月二十八日深夜に裁量労働制の拡大を法案から削除するという安倍首相の決断に至ったのだった。[*6]

その間、国会審議で追及が続いただけでなく、答弁撤回に至った二月十四日からは、厚生労働省の担当者への野党合同ヒアリングも、国会の控室で、記者に開放したかたちで開かれた。答弁撤回という異例の事態と、データの明らかな矛盾というわかりやすさ、連日の国会と野党合同ヒアリングの場での追及を受けて、地上波の民放も含めてニュースで問題が取りあげられ、裁量労働制とはどのような働き方か、何が問題であるのかの周知も進んだ。

私も野党合同ヒアリングに参加し、テレビの取材にも応じた。二月二十一日には衆議院予算委員会の中央公聴会で公述人として意見陳述をおこない、裁量労働制のデータ問題を語った。[*7] 法の制定プロセスの正統性を失ったまま、法の制定を強行しようとしていることを批判し、政策立案プロセスと国会審議を正常化するために、裁量労働制の拡大と高度プロフェッショナル制度の創設を法案から削除することを求めた。

二月二十五日には、ＡＥＱＵＩＴＡＳ（エキタス）主催の「裁量労働制拡大に反対する緊急デモ」に参加し、新宿の街を横断幕を持って歩き、日本共産党の小池晃《あきら》議員、立憲民主党の長妻議員に続いて、街宣車の上でスピーチした。

国会での追及は予算委員会でおこなわれており、安倍首相が出席するさいにはＮＨＫの中継が入っていた。国会の動きが刻々とテレビや新聞で伝えられるなかで、無理を通せなくなった安倍政権は、裁量労働制の拡大をこの国会では断念することとなったのだ。

この経緯は、問題のある法案が数の力だけで成立してしまうことを阻止《そし》することは可能だという実例であると私は考える。これは政府が進めようとしている法改正の根拠が失われたという事態だった。間違ったデータに基づいて、労働政策審議会で議論がおこなわれ、法案の骨子《こっし》が作られた。そうであるならば、データを取り直して労働政策審議会から検討をやりなおせという野党側の主張を、政府が受け入れざるをえなくなったのだ。

もどかしい思いから生まれた国会パブリックビューイング

そのような手応えがあったからこそ、そのあとの働き方改革の国会審議をめぐる情勢には、もどかしい思いがあった。裁量労働制の拡大は法案から削除されたが、高度プロフェッショナル制度の創設は削除されなかった。こちらは前述したとおり、労働基準法の労働時間規制を適用除外するもので、より過労死のリスクも高い。裁量労働制では深夜や休日の労働に対して割増賃金の支払いが必要だが、高度プロフェッショナル制度ではそれも必要でない。

そういうリスクの大きい働き方を、希望する方のための選択肢として設けるというのが、安倍政権の言い分だった。けれども、労働者が望んでいるという証拠を、安倍政権は示せなかった。野党の追及によって、労働者のニーズの根拠とされたヒアリング結果は、後付けされたアリバイ工作的なものだったことが明らかになっていった。

国会に提出された働き方改革関連法案には、法案提出の理由としてこう書かれていた。[*8]

労働者がそれぞれの事情に応じた多様な働き方を選択できる社会を実現する働き方改革を推進するため、時間外労働の限度時間の設定、高度な専門的知識等を要する業務に就き、かつ、一定額以上の年収を有する労働者に適用される労働時間制度の創設、短時間・有期雇用労働者及び派遣労働者と通常の労働者との間の不合理な待遇の相違の禁止、国による労働に関する施策の総合的な推進に関する基本的な方針の策定等の措置を講ずる必要がある。これが、この法律案を提出する理由である。

労働者が多様な働き方を選択できる社会を実現するというが、労働者が高度プロフェッショナル制度のような働き方を求めているという根拠を、政府は示せなかった。ならば立法事実（立法の必要性の裏付けとなる事実）がないということになる。野党は国会審議を通じて、

働き方改革関連法案の国会審議について、初めての街頭上映。壇上でマイクを持ち、解説を加えているのが筆者。右端に設置されているのはスクリーン。新橋ＳＬ広場。2018年6月15日〔写真提供：吉祥寺いるか氏〕。

そこまでの追及をおこなった。

にもかかわらず、安倍政権は高度プロフェッショナル制度の導入に固執した。野党がいくら追及しても、前述の山越労働基準局長のように「いずれにいたしましても」とかわし、罰則付きの時間外労働の上限規制を初めて設けるのだと規制強化策のほうに論点をずらして答弁する——そんな対応を続けた。

裁量労働制のデータ問題のとき以上に、法案審議を通して問題は明らかであったのに、メディアの動きは鈍かった。そのため、国会審議にはさほど注目が集まらなかった。労働基準法の労働時間規制に新たな例外を設けることは、いずれ派遣法のように対象を拡大させていくことが見込まれ、その意味が丁寧に報じられるべきだったが、首相の答弁撤回のような異例の事態が生じたわけではなかったため、独自に問題を掘り下げる報道は、ＢＳ放送のニュース番組やＴＢＳラジオ『荻《おぎ》上《うえ》チキ・Ｓｅｓｓｉｏｎ－22』など、一部の番組に限られた。国会審議の場は予算委員会から厚生労働委員会に移っており、ＮＨＫのテレビ中継も入っていなかった。

衆議院の厚生労働委員会で、混乱のうちに採決がおこなわれたのは五月二十五日。翌日五月二十六日の各紙の朝刊を見ると、朝日新聞、読売新聞、毎日新聞、東京新聞は第一面で報じていたものの、産経新聞は第一面ではインデックスのみ。日本経済新聞は第一面にはインデックスにさえ記載がなかった。ＮＨＫが『クローズアップ現代＋《プラス》』で取りあげたのは［＊9］、それよりもあとの五月三十日になってからで、衆議院の本会議での採決がおこなわれていてもおかしくない日のことだった（実際の採決は五月三十一日）。

六月からの参議院における審議によって、高度プロフェッショナル制度に関するニーズ調査のヒアリングと位置づけられていたものが後付けのものであったこと、ヒアリングの対象が五社であり、十二人中九人のヒアリングには人事担当者が同席していたことなど、法案審議の前提が崩れる事実が次々に明らかになっていっても、メディアの注目は集まらなかった。政府はこのまま押し切ろうとしているのに、それに対して有効な手が打てないことがもどかしかった。

そういうなかで六月十一日にツイッター上の引用リツイートを目にして、ふと、国会審議の街頭上映というアイデアを思いついた。それが実現したのが、その四日後の六月十五日の新橋ＳＬ広場でのことだった。この街頭上映が大きく注目を集めたことにより、国会パブリックビューイングの団体を立ちあげ、独自の番組制作に乗り出していくこととなった。

第　二　章

活動の
立ちあげと展開

国会の中と外をつなぐ

国会審議を切り出して、解説付きで街頭上映する取り組みを私が初めておこなったのは、二〇一八年六月十五日、東京・新橋駅前のSL広場でのことだ。国会パブリックビューイングという団体はまだなく、国会パブリックビューイングという活動名称もまだなかった。

街頭上映のアイデアを思い付いたのが六月十一日、そして、実施が六月十五日。面識もない人と組んでの企画であり、そんな短期間でよく実施にこぎつけられたものだと思うが、そこに至るまでのさまざまな伏線があってこその実現だった。

高度プロフェッショナル制度の創設を含む働き方改革関連法案の国会審議が、二月の裁量労働制のデータ問題のときほどには注目されない状態のまま進んでいくなかで、私はどうやったら問題の認知を広げられるだろうかと考えていた。ウェブ記事に問題点を指摘しても、すでに関心のある人の範囲を超えて読まれることは難しい。ツイッターもそうだ。国会前の抗議行動も、議員会館前や首相官邸前の抗議行動も、院内集会も、すでに関心を持っている人以外には、なかなか認知されない。

「働き方改革」という言葉は、働く人のための働き方改革というイメージをまとっており、長時間労働の是正というニュアンスで一般には受けとめられていた。二〇一六年の十月に電通の新入社員だった高橋まつりさんの過労自死の労災認定を遺族が記者会見で公表し、十二月に法人としての電通が書類送検されて、社長が辞任を発表してからは、特にそうだった。

実際の働き方改革関連法案は、時間外労働に罰則付きの上限を設ける規制強化策を盛り込む一方で、前章で紹介したように、裁量労働制の対象業務の拡大や高度プロフェッショナル制度の導入という規制緩和策を抱き合わせで実現させようとしたものだったが、規制緩和策は「毒まんじゅう」の毒のように巧妙に隠し込まれ、働き方改革関連法案によって労働条件の最低基準を定めた労働基準法に穴があき、形骸化《けいがいか》していくことへの危機感は、広く共有されていないと感じた。

前章に記したように、衆議院の厚生労働委員会で採決がおこなわれた翌日の五月二十六日の朝刊で、日本経済新聞はその採決を第一面ではいっさい報じなかった。インデックスにさえ、記載がなかった。日本経済新聞は高度プロフェッショナル制度を「脱時間給」という独特の用語で表現しており、採決の前も後も、記事の扱いは小さかった。スーツを着て満員電車で勤務先に向かう会社員たち。その人たちの働き方のルールが大きく変わる転換点が近づいているときに、その人たちが読んでいるであろう日本経済新聞が、それを報じない。この人たちに、どうやったら問題を伝えられるのだろうと私は考えた。

そんななかで六月十一日に日本労働弁護団が主催する「『働き方改革』法案の徹底審議を！　高プロは廃案に！　緊急院内集会」が開催され、私も参加した。高度プロフェッショナル制度の削除を求めて抗議行動を続けていた「全国過労死を考える家族の会」の方々の発言を聞いていていて、こんな不誠実な国会答弁のままで法案を成立させてしまうことは、問題に気づいている大人の責任として看過《かんか》できないことだとの思いを強くした。そこで、その日のツイッターにこう書いた。


院内集会で話をしたんですが、この働き方改革関連法案をめぐる審議、単に政府案が成立するか否か、という問題を超えています。

法案の成立のためには、答弁もコロコロ変える、資料も捏造《ねつぞう》する、都合の悪いことはもっともらしい理由をつけて答弁を拒否する、それも無理なら「いずれにいたしましても」。

こんな国会審議は、与党も経済界も認めてはいけない。

これは、日本社会に生きる大人の責任です。


ともかく、明日の午後の国会審議、特に野党の国会審議を見てください。

国会審議そのものが、液状化のような状況に陥っていることを知っていただきたい。


この書き込みに対し、面識のない方から、次のような引用リツイートが寄せられた。


こんな国会審議している与党を、どうやったら屈せるのか。

彼らは、常套《じょうとう》手段で、強行採決してしまう。

国会の中と外の声が、まだまだ小さいのだろうか。

それを見て、ふと思いついて、こう書いた。


街頭上映会とか、できないですかね。

働き方改革をめぐる国会審議のこの状況を見てください、と。

問題場面をハイライトで編集して。

野党の皆さん、労働団体の皆さん、どうですか？

国会審議の液状化、一般市民に可視化が必要です。


街頭で見ていただきたい場面、たくさんあります。

まずこの、5月23日衆院厚労委、柚木《ゆのき》議員が安倍総理に、家族の会との面会を求めるも、加藤大臣が答弁に立ち、抗議の声に構わず答弁を続ける場面。

5月25日衆院厚労委、まだデータの訂正が行われておらず、口頭で曖昧《あいまい》な訂正を行う政府側に岡本議員が食い下がるも、髙鳥委員長は持ち時間が過ぎていると打ち切り、強行採決。

6月7日参院厚労委、高プロのニーズヒアリングについて、高プロが労働時間・休憩・休日・深夜業の規制をはずした働き方であることを伝えた上でヒアリングを行ったのかと二度福島議員が問うも、二度とも山越労働基準局長は「いずれにいたしましても」と無視。

この3つの、2分程度の映像を説明つきで流すだけでも、異常なことが国会で起きていることをわかっていただけるのではないか。

反対している人がいるけれど、国会ではちゃんと審議しているんでしょ、と思っている人たちに、わかってほしい。

どうせ騒いでいる人がいても、「野党はモリカケばかり」とか、「野党は19連休」とか、野党の頑張りを打ち消すようなネガティブキャンペーンを張れば大丈夫と思われてるんですよ。

だったら国会の実情を、街頭で、可視化することが大切ではないでしょうか。

他にも、面会を求める過労死家族の会のFAXを「事務的に受理」と繰り返した原審議官とか、24時間ずっと働かせることが合法になるんですよね?と繰り返し問う小池晃議員に加藤大臣が「ですから……」と言い逃れを続けた3月2日参院予算委とか。

こういうのを自分の目で見れば、政府がいかに不誠実な対応を続けているか、野党がいかにまともに問題に迫っているか、一般市民の目にも明らかになると思うのですが。

これらのツイートで、この場面を見てほしいと提案したものには、すべてツイッターのフォロワーの方が字幕付きで作成してくださっていた二分程度の動画を引用リツイートで付けていた。ツイッターには二分二十秒までの動画を貼り付けることができる。従来、国会審議の問題場面をそうやって切り出してツイートしておられる方々がいた。私にはそのような映像の切り出しと編集のスキルはないが、私が執筆して公開したウェブ記事にもそのような国会審議の映像を取り入れたいと思い、この場面を、と指定して字幕付きの映像をツイートで提供していただいていた。その映像を、街頭に持ち出したいと思ったのだ。

デモの場を借りて街頭上映とライブ解説を組み合わせる

するとすぐに「こんなのですか？」と、別の方が実例を引用リツイートで示してくださった。それは、街頭で映像を無人上映している様子を、街行く人が足をとめて見ている画像だった。

それを見て一気にイメージがふくらみ、

そうです。こんなのを、スタンディングと「働き方改革のひみつ」のリーフレット配布と、ちょっとしたスピーチや映像解説と一緒にできないですかね。

今度の0615新橋デモの終着点でとか、難しいでしょうか？　私、解説できますけど。

国会審議なんて、どうせ関心がある人しか見ていないから、いくらでも野党の質疑は不誠実にかわし続けていればいい、と思われてるんですよ。

国民には編集して立派な姿だけ見せておけば大丈夫、と。


とツイートすると、さらにコメントが寄せられた。反対運動と見られないような見せ方が大事だというコメント、無言でプラカードを掲げるスタンディングの場で映像を流せないかという提案、弁士付きがよいのではとのコメント、モバイルバッテリーとプロジェクターを用意すれば実現可能ではないかという技術的な提案など。

その日のうちにさまざまにアイデアが広がるなかで、私は六月十五日のデモの主催者に、このアイデアを実現できないかと相談した。六月十五日の夕方には、「#0615仕事帰りの新橋デモ」が予定されていた。日比谷公園から新橋SL広場にかけてスーツ姿でプラカードを掲げながらデモをおこない、サラリーマンの人たちに高度プロフェッショナル制度に関心を持ってもらおうという趣旨のデモだ。私はそのデモの終着点の新橋SL広場で、数分間のスピーチを依頼されていた。そのスピーチに国会審議映像を取り入れられないかと思ったのだ。

新橋デモの主催者側からも実現にこぎつけたいという思いの人が出てきて、数名でツイッターのグループDM（複数の者で非公開の会話が可能なダイレクトメッセージ）を作り、意見交換が始まった。せっかくなら紹介したい国会審議の場面はいろいろあるので、日比谷公園から新橋SL広場までのデモ行進の時間帯と同時並行で、デモ隊の到着を待つあいだに新橋SL広場で街頭上映を実施できないかと提案し、かなりぎりぎりの調整と準備によって実現にこぎつけていただいたのが、六月十五日の四十五分ほどの解説付き街頭上映だ。したがって、このときの街頭上映の開催主体は私ではない。私のアイデアを、デモ隊の主催者のうちの一部の方々と、そこから声をかけて連携することとなった有志の方々の手で実現させてくれたものだ。

当日の街頭上映の様子は、国会パブリックビューイングのユーチューブチャンネルからご覧いただける[*1]。大きく次の三つのテーマに分けて、三分前後に切り出した七つの国会審議映像を解説付きで上映した。

1　遺族の面会要請を拒否した安倍晋三首相（FAXを事務的に受理／柚木道義《みちよし》議員の質疑に対し、安倍首相は答弁に立たず）

2　労働時間規制を外す（二十四時間ずっと働かせても違法ではない／そのことを説明せず

ヒアリング実施）

3　高プロへのニーズの捏造（深夜に働きたい人もいる／どこが虚偽答弁なんですか！／私もいろいろお話を聞くなかで）

国会審議映像は私が指定した箇所を切り出してもらい、場面の説明は手書きのボードを現地で掲げてもらった。

スクリーンはプラスチックボード（プラダン）を貼り合わせた手作りのもので、延長ポールを両側につけて人の手で支えてもらった。新橋SL広場の壇上で私が解説をしながら合図を送り、映像編集を担当した横川圭希《けいき》さんに、切り出した映像をパソコン操作で、プロジェクターからスクリーンへと投影してもらった。

切り出して上映する映像の選定と当日の解説は私がおこなったが、現地の設営や映像の切り出しと編集、スクリーンや説明ボードの準備、司会進行、実際の上映とネット中継などは、これを実現させたいという思いを共有した方々が、それまでのノウハウやスキルを活《い》かして実現してくれたものだ。街頭上映に関わる法的な問題については、労働弁護士の方々に相談し、街頭上映中も立ち会っていただいた。

この六月十五日の街頭上映に結集した人たちのほとんどと、私は面識がなかった。グループＤＭによる打ち合わせを経て、当日に初めて顔を合わせた方がほとんどだ。デモ主催者の

国会審議の場面を解説付きで見てもらうさいに掲げた手書きの説明ボード（写真右側）。新橋ＳＬ広場。2018 年 6 月 15 日。

なかで国会審議の街頭上映を実現させようと動いてくれた方々と、それだけでは手が足りないのでと、伝手《つて》を頼りに協力依頼された方々の混成チームだった。混成チームであるがゆえに、メンバー同士も、相互に面識がない関係であることが多かった。けれども当日は、駅前を歩く多くの人が足をとめてくれ、だんだん人の輪が大きくなった。デモ隊到着後のスピーチの場でも、部分的に国会審議映像を上映して解説した。

　ツイッターにはその日のうちに、街頭上映を見た方々による写真や映像が、コメントとともに数多く投稿された。市民運動や労働運動に取り組んできた方々からは、新しい街頭宣伝の手法として大きく注目を浴びた。

　街頭上映を実現した私たちも、グルー

プＤＭで、実施翌日の朝から、さっそく事後の意見交換を開始していた。実施前には、当日の未明になってもまだ、どの映像を切り出すかの指定をしていたような状況で、映像の編集も説明ボードの作成も、当日の開始時刻ぎりぎりにようやくできあがったのだが、実施後には、どうやったらこのような街頭上映を今後も実施することができるのか、機材情報やノウハウをマニュアルにして残せないかと、次のステップに向かっていたのだった。

また、デモ主催者側の一員で、街頭上映の実施に向けた連絡調整に動くとともにスクリーンも手作りで用意してくれた真壁《まかべ》隆《たかし》さんは、街頭上映の様子を撮影しており、当日のうちにみずからのユーチューブチャンネルにその映像を公開した。[*2] さらに真壁さんは、六月十七日には、国会審議の部分を元の審議映像に入れ替えて見やすくしたバージョンと、[*3] 解説を抜いた国会審議映像の切り出しだけのバージョンも作成し、[*4] 誰でもそれらをダウンロードして流せるようにユーチューブチャンネルに公開し、翌十八日にはデータファイルも公開した。

ツイッター上では翌日も反応が続き、映像にテロップを付けてはどうか、クラウドファンディングで資金を集めて大型液晶ビジョンで上映してはどうか、説明も呼びかけもなしに淡々と上映をくり返してはどうか、といった多くのアイデアが寄せられた。

さらに「このメディアの名前を考えています」という声が寄せられ、ツイッター上で名称を募集することにした。「高プロ怪談」「高プロ反対・街頭テレビ」「国会崩壊可視化プロジェクト」などのアイデアに対しては、高度プロフェッショナル制度の問題だけに限らず、街頭演説のスタンダードなかたちになることを願っているという意見が寄せられた。また、「高プロ反対」といった結論が先にあるメッセージは、あまり前面に出さないほうがよいという意見もあった。

そこで、「街頭テレビ」「街頭国会中継」「国会ダイジェスト」「国会可視化プロジェクト」「国会パブリックビューイング」など、より中立的な名称がツイッター上で模索された。そのなかで、「街頭テレビ」という語は、懐古的でもありながら、柔らかく包摂的なイメージを喚起させると推《お》す意見があった。かつては電気屋さんや食堂のテレビでふつうに国会中継が流れていて、国会の様子が自然と目に入るようになっていた、それがどれだけ大切だったかという声もあった。

そこで、いったんは「#街角テレビ・国会可視化プロジェクト」という名前に私の気持ちが傾いたのだが、「街頭テレビ」は見たことがないという声や、テレビという言葉より動画という言葉の方が若い世代には馴染《なじ》むという意見が寄せられた。さらに「可視化」という言葉は堅すぎて、国会中継にまったく興味のない人を惹《ひ》きつける言葉なのか疑問だという意見も寄せられた。

六月十七日の時点では、翌十八日の新宿西口での街頭上映を告知するにあたって、「#国会パブリックビューイング」「#街角テレビ・国会可視化プロジェクト」「#テレビが流さないなら街で流そう」と三つのハッシュタグを並べていた。しかし、「国会パブリックビューイング」という名称でこの活動に言及する人が増えていき、この名称を選びとることにした。

サッカーのワールドカップをライブ中継会場やスポーツバーでビールを片手に観戦し、みんなで歓声をあげるように、国会審議についても、ビール片手に、ワイワイ言いながら、みんなで見るものというイメージが共有できればと思ったのだ。

六月十九日には、上映機材や上映ノウハウの情報共有サイトを作ろうという人が十五日の上映メンバー外のところから現れて、二十八日には「国会パブリックビューイング@ウィキ」という情報サイトが立ちあがった。[*5]

届くためのスタイルの発展形

そうやって、グループDMでも、ツイッターでも、街頭上映のアイデアの交換が進んだなかで、六月後半にはさらに三度、国会審議映像の街頭上映の機会があった。六月十八日の新宿西口地下広場、六月二十日の秋葉原、六月二十七日の新橋SL広場——いずれも日本労働弁護団と「東京過労死を考える家族の会」の主催によるもので、高度プロフェッショナル制度の廃案や強行採決に反対する街頭行動の一部として、国会審議映像を上映したものだ。

ただし、これらは有志のメンバーによる独自企画としておこなった六月十五日の国会審議の街頭上映とは異なり、従来型の街頭行動に国会審議映像の上映を付け加えたかたちとなった。日本労働弁護団の棗《なつめ》一郎幹事長や家族会の方々のスピーチに加え、野党の国会議員がスピーチをおこなった。その国会議員のスピーチのさいに、国会審議映像が加えられるかたちがとられた。そのスタイルは、六月十五日の街頭上映を踏まえて、新しい街頭行動のスタイルを模索しつつあった私や六月十五日の街頭上映の実施メンバーにとっては、目指すところとの乖離《かいり》を感じさせるものだった。

私としては国会議員の方々には国会審議映像を踏まえた解説をしていただきたいと思ったが、国会議員の方々のスピーチは、マイクを握ると従来型のものになりがちだった。六月二十日の秋葉原の街頭行動では、離れた場所で通り過ぎる人にも聞こえるようにトラメガ（トランジスターメガホン／拡声器）の音量が上げられており、近くで聞くと、音が硬く、うるさく感じた。国会審議映像はスクリーンに近づいて見てほしいが、スピーチの音量は遠くの人にも聞こえるように設定されており、どの位置で立ちどまってもらいたいのか、バランスが悪かった。

六月十五日の街頭上映実施メンバーは、関心を持っていない人たちにも届けるにはどういうスタイルがよいかという問題意識を持っていた。十八日の新宿西口地下広場の街頭行動に、十五日のメンバーは上映スタッフとして協力していたが、「高プロ廃案！」の横断幕が掲《かか》げられたことや、日本労働弁護団の腕章をつけた弁護士がスクリーンの脇に立ったことについて、道行く人の足をかえって遠ざけたのではという思いを、終了後に現地で共有していた。

また、街頭上映実施メンバーの横川さんは、六月十五日の企画の準備段階から、音へのこだわりを示していた。横川さんは準備に加わることとなった翌日の六月十三日の段階で、「現地で国会の質疑を流すということは、映像の質よりも音の方が問題になると思います。動画の音声をちゃんと理解できる音響機材を用意する必要があると思います」とグループDMに書き込んでいた。六月十五日の街頭上映では、街頭演説でよく利用されるトラメガではなく、キューブ（Roland CUBE Street EX）というストリート・パフォーマンス用のアンプを使って、国会審議の音声を流した。

　そういう経緯があったため、六月十五日の街頭上映の実施メンバーで作ったグループDMで話し合い、この先は独自の団体を立ちあげて、自分たちがやりたいスタイルでの街頭行動を模索していくことにした。「国会パブリックビューイング」という団体名でツイッターのアカウントを作り、団体としての情報発信を始めたのは、二〇一八年七月一日のことだ。「国会パブリックビューイング＠ウィキ」の情報共有サイトを立ちあげた方もメンバーに加えて、十三人で「国会パブリックビューイング」の活動を始めることにした。

　メンバーのほとんどは、労働運動や市民運動のかたちで街頭行動を重ねてきた人たちだ。それぞれ、従来のスタイルでは関心を持ってもらえない人たちにどうやって関心を持ってもらうか、どうやったら届くのかという問題意識があった。そういう問題意識があったからこそ、六月十五日の独自企画に、誰から指示を受けたわけでもなく、みずからの意思で集まってきた人たちだと言い換えてもよい。

　メンバーのなかには、「反対」を唱えるスピーチでは、かえって人は遠ざかると考えて、「🔍 高プロ」とだけスタイリッシュに書かれたプラカードを、黙って駅前などで掲げる「スタンディング」という活動を実施している方がいた。高度プロフェッショナル制度の問題点を記したチラシを挟み込んだティッシュを、「ティッシュです」とだけ言って、駅前でどんどん配って歩く活動を実施している方もいた。生協労連（全国生協労働組合連合会）の専従職員である真壁さんは、国会前や議員会館前、新宿アルタ前などの街頭行動やサウンドデモなど、幅広い市民運動・労働運動の現場に出向き、映像に収めてユーチューブで中継・配信を積み重ねていた。横川さんは、映像作家としてテレビ番組やCM、ミュージックビデオなどの制作に関わったのちに市民運動にも関わるようになった方で、国会審議映像を街頭上映する国会パブリックビューイングのような取り組みを、以前から複数の国会議員に提案していたそうだ。私もまた、国会前や議員会館前の街頭行動では日本経済新聞の読者のような人には認知されないだろうと考えていたし、労働組合の旗がはためく集会では居場所を見つけづらく感じ、「団結ガンバロー」とこぶしを振りあげるスタイルにも同調しにくいものを感じていた。

そんなふうに、従来のスタイルとは違う街頭行動のスタイルに関心を持っていた六月十五日のメンバーが、国会審議の街頭上映という試みに手応えを感じ、より幅広い人に、より抵抗なく耳を傾けてもらうために、より抵抗なく目を向けてもらうために、どうすればよいかと考えて、ツイッターで寄せられたアイデアも活かしながら、さらに実験的な試みを展開していきたいと立ちあげたのが、「国会パブリックビューイング」だった。

最初の取り組みは独自番組の制作

団体として最初に目指したのは、独自番組の制作だ。六月十五日の新橋ＳＬ広場では、インターネット審議中継の映像から切り出した国会審議映像を、私が横で解説しながら上映したが、その解説を盛り込んだ番組を制作し、スクリーンの横に誰も立たないかたちでその番組を上映してみたらどうだろうと考えたのだ。

番組制作を担ったのは、メンバーの横川さんだ。六月十五日の街頭上映では、映像編集や上映のスキルを持つ人の協力が必要ということで、「仕事帰りの新橋デモ」に関わった人からの伝手で企画に加わってくれることになり、国会審議映像の切り出し編集と当日の上映を担当してくれた。それまでにも、山本太郎議員や福島みずほ議員の街頭演説の機材スタッフとしての経験が豊富で、演説の要点やグラフなどをプロジェクターやモニターを使って映しながら街頭演説をおこなう山本議員の活動を、技術面で支えてきた方でもあった。

その横川さんが、番組制作のために二十万円、そして街頭上映の機器購入のために三十万円のクラウドファンディングを六月三十日にツイッターで呼びかけたところ、それぞれ上限の三十万円の寄付が、当日のうちに集まった。横川さん自身も驚く反響の大きさだった。

その寄付を得て、翌日の七月一日に横川さんの撮影により、番組を収録した。働き方改革関連法案の国会審議のなかから、以下の十二の場面を切り出し指定し、それぞれの前後に短い解説を私がアドリブでおこない、収録した。それを横川さんが中心になって編集し、五十五分の番組『第1話　働き方改革──高プロ危険編』に仕上げた。

1　二〇一八年四月二十七日　衆議院本会議　働き方改革関連法案の提案理由を説明（加藤勝信厚労相）

2　二〇一八年一月二十九日　衆議院予算委員会　「労働法制に穴をあけるな」との質疑に安倍首相「自分が岩盤規制に穴をあける先頭に立つ」（長妻昭議員VS安倍首相）

3　二〇一八年六月二十五日　参議院予算委員会　安倍首相「経団連会長から高プロの導入をすべきとの意見をいただいている」と本音を語る（伊藤孝恵《たかえ》議員VS安倍首相）

4　二〇一八年一月三十一日　参議院予算委員会　加藤大臣「話を聞いた」と説明するも虚偽答弁（浜野喜史議員VS加藤厚労相）

5　二〇一八年六月十二日　参議院厚生労働委員会　「高プロに労働者のニーズがあるとは虚偽答弁」との追及に開き直り答弁（福島みずほ議員VS加藤厚労相）

6　二〇一八年三月二日　参議院予算委員会　「連日二十四時間働かせることも可能」と追及するも、加藤大臣がはぐらかし答弁（小池晃議員VS加藤厚労相）

7　二〇一八年六月七日　参議院厚生労働委員会　「労働時間規制を外すことを説明したんですか」と問い質《ただ》すも、「いずれにいたしましても」と無視（福島議員VS山越敬一労働基準局長）

8 二〇一八年六月二十六日 参議院厚生労働委員会 「高プロの女性労働者は子どもを産み育てることが困難」と指摘（福島議員VS加藤厚労相）

9 二〇一八年五月十七日 参議院厚生労働委員会 「職員が事務的に受理」と門前払い答弁（福島議員VS原邦彰《くにあき》内閣審議官）

10 二〇一八年五月二十三日 衆議院厚生労働委員会 総理に過労死家族会との面会を求めるも、加藤大臣が別の答弁（柚木道義議員VS安倍首相・加藤厚労相）

11 二〇一八年六月二十六日 参議院厚生労働委員会 「高プロは望まない方には適用されないため、このような方への影響はない？」（石橋通宏議員VS安倍首相）

12 二〇一八年六月二十八日 参議院厚生労働委員会 「高プロは労働基準法を破壊するもの。良心の呵責《かしやく》はないのか」（福島議員VS加藤厚労相）

ちなみに、前章で紹介した福島議員と山越労働基準局長のやりとりは、右記の7だ。

無告知無人上映の試み

この番組の解説収録が七月一日。七月九日には番組を作りあげ、六月十五日と同じ新橋SL広場で、今度はツイッターでもまったく呼びかけずに、無告知で無人上映をしてみた。告知をすれば関心のある人が集まる。そうではなく、告知をせずに番組を流してみて、道行く人がはたしてどれだけ足をとめてくれるのかを試してみたいと思ったのだ。

次ページの写真はそのときの様子だ。スクリーンは布製の折り畳み式のもの。骨組みを組み立ててスクリーンをマジックテープで取り付け、砂袋の重石《おもし》で固定し、人が横に立たずにすむようにした。スクリーンの下には、国会の赤絨緞《じゅうたん》を連想させるマットを敷いた。スクリーンの両側の「国会パブリックビューイング」の垂れ幕は、デザインのスキルがあるメンバーの青木まり子さんがデザインして発注し、製作したものだ。スクリーン手前の折り畳み式の三角の看板にも同じデザインが施されており、「国会パブリックビューイング」と記されている。看板で覆われているのはプロジェクターで、ここから映像を投影する。その脇にあるのは充電式のバッテリーで、その奥に映像を収録したノート・パソコンが置かれている。そしてスクリーンの両脇にあるのが、映像の音声を出すキューブというアンプ。ストリートミュージシャンがよく使っているものだ。音質の調整ができ、トラメガの硬質な音に比べて、人の声が「語り」として聞きやすい。横川さんがこだわった部分だ。

何が上映されているのだろうと興味を持って立ちどまってもらうことが目的なので、「○○反対」のようなメッセージはあえて掲げなかった。番組のなかの映像解説も、できるだけ淡々としたものにとどめた。スクリーン脇のテーブルに私が座り、作成したリーフレットと、映像の内容を収録したタブレットを置き、質問に備えたが、通行人への声かけはおこなわず、リーフレットの配布もあえておこなわなかった。

そうやって街頭上映を実施してみたところ、少しずつスクリーンの前に人が集まるように

『第１話　働き方改革――高プロ危険編』の無告知無人上映を試みる。新橋ＳＬ広場。2018年７月９日。

なった。メンバーのひとりが、いわば「サクラ」としてスクリーンに向かって立ち続けることによって他の人が立ちどまりやすい雰囲気を作っていたのだが、いったん立ちどまった人は、じっとスクリーンの国会審議と解説を見続けてくれた。

これが通常の街頭行動だったら、「ああ、反対運動だな」と思って、耳も貸さずに足早に通り過ぎる人が多いだろう。けれども、あえてメッセージを出さない、あえて主催者が立たない、あえて声かけをしない、ただ映像を見てそこから何かを自分で見出してもらうというスタイルをとったことによって、私たちが狙った効果は、一定程度達成できた。

いわば、「声をかけない洋服屋さん方式」だ。ちょっとよさそうな服があって見てみたいと思っても、「何をお探しですか」とすぐに店員に声をかけられそうな雰囲気があると、服を手に取ってみたくても近づきがたいが、こちらから声をかけるまで声かけされる心配がないと、自分のペースで服選びができる。それと同じように、あえて何もしない方式をとることによって、安心してスクリーンに近づくことができ、自分の関心と都合に合わせて好きなだけスクリーンを見ていられる場づくりを重視したわけだ。

活動の輪が広がっていく

国会パブリックビューイングはその後も寄付を集め、活動の幅を広げていった。七月十七日に参議院議員会館で、七月十九日に新橋ＴＣＣ試写室で、七月二十一日に京都ＧＲＯＶＩＮＧ　ＢＡＳＥで、制作した番組の試写会を開き、国会審議の街頭上映に関心を持って集まった方たちと意見交換した。そこで出た意見を取り入れて、国会審議映像に字幕をつけるなどの改良を施し、無人上映のスタイルで新宿西口地下広場、渋谷ハチ公前広場、代々木駅前、恵比寿駅前、新宿駅東南口などで街頭上映を実施していった。

制作した番組はユーチューブの国会パブリックビューイングのチャンネルで公開するとともに、データでも提供し、各地で自由に街頭上映や室内上映に利用してもらえるようにした。[*6]

さっそくその映像を用いて、高円寺などで独自に街頭上映に取り組む団体が現れた。

八月三日の夕方には、参議院議員会館の講堂で、シンポジウム『国会を、取り戻す。』

参議院議員会館の講堂で開いた、シンポジウム『国会を、取り戻す。』。ゲストは荻上チキ氏と逢坂誠二議員。2018年8月3日。

を開催。[*7] TBSラジオ『荻上チキ・Session-22』のパーソナリティである評論家の荻上チキさんと、立憲民主党の逢坂《おおさか》誠二《せいじ》議員をゲストに迎えた。定員三百人の講堂に補助椅子を加える盛況となった。

さらに、各地に上映交流会にも出向いた。九月十六日に大阪で、十月七日に長野県・松本市で、十一月二十四日に札幌で、十二月十五日に名古屋で、十二月十六日に神奈川県・湘南《しょうなん》で、それぞれ街頭上映会と室内上映交流会をおこなった（札幌は街頭上映なし）。

七月二十一日の京都試写会に参加した放送作家の皿倉《さらくら》のぼるさんは、私が六月十一日に街頭上映の構想をツイッターでつぶやいたときから、「これ、やりたい」と意欲を持っていたそうで、八月五日には同じ京都GROVING　BASEの会場で、私たちの番組『第1話　働き方改革──高プロ危険編』を独自に上映し、「京都で国会パブリックビューイング」という団体を立ちあげた。さらにその後、大阪にも「大阪PV食堂」という独自団体が立ちあがった。

十月二十七日には、上映機材の講習会と早稲田大学大隈講堂前での実践上映を合わせた交流会を実施。十月二十八日には、青山公園でおこなわれた日本共産党の「JCPサポーターまつり」の一坪マーケットに出店し、映像データをUSBメモリとDVDに収録して、実費頒布した。

十一月には、論点ずらしの「ご飯論法」を映像で確認してもらう三十五分の番組『第2話　働き方改革──ご飯論法編』を制作。[*8] 十二月一日に完成記念試写会をおこなうとともに、第1話・第2話の番組それぞれをDVDに焼いて、リーフレットとともに希望者に郵送し、私の講演会でも上映・配布することによって、街頭上映以外の方法での拡散にも努めた。

また、これは後の章で改めて紹介するが、二〇一八年秋の臨時国会開催時には、外国人労働者の受け入れ拡大に向けた入管法改正の国会審議について、注目場面を切り出してゲスト解説付きで街頭上映する取り組みを、有楽町、新宿西口地下広場、渋谷ハチ公前広場、有楽町、新宿駅南口で計五回おこなった。ゲスト解説は全労連（全国労働組合総連合）の伊藤圭《けい》一《いち》さんや中村優介《ゆうすけ》弁護士に担っていただいた。

二〇一九年一月からの第一九八回通常国会開催時には、毎月勤労統計調査の不正問題について、入管法改正のときと同様に国会審議の注目場面を切り出して、ゲスト解説付きで街頭上映する取り組みを、有楽町で一回、新宿西口地下広場で三回おこない、伊藤さんと明石《あかし》順平《じゅんぺい》弁護士に解説していただいた。さらに屋内からのライブ配信のかたちでの解説付きの国会審議映像の紹介を、二回おこなった。

さらに二〇一九年三月二十六日には、新宿西口地下広場で「菅《すが》官房長官記者会見における質問制限・質問妨害問題」の街頭上映を、私がその場で解説しつつ実施。四月九日には同じく新宿西口地下広場で、働き方改革関連法の四月施行を受けて「『多様な働き方を選択できる社会』とは⁉」と題する街頭上映を、伊藤さんをゲスト解説に迎えて実施した。

これらの街頭上映は、ユーチューブやツイキャスでリアルタイム配信をおこなうとともに、国会審議映像をはめ込み編集して、ユーチューブチャンネルで改めて動画として公開した。

二〇一九年六月二十三日には、国会パブリックビューイング一周年記念交流会を四谷で実施。字幕作成の方法、映像編集の方法、スクリーンを活用した街頭行動の提案、各種プラカードの展示やティッシュ配りの実演など、各メンバーのノウハウを開陳《かいちん》するブースを設置し、参加者が自由にブースに立ち寄って交流できる場とした。

このように、二〇一八年六月から二〇一九年六月にかけて国会パブリックビューイングがおこなった活動は、街頭上映が三十五回、屋内からのライブ配信が二回、制作した番組や街頭上映の映像の公開が二十二回、シンポジウムや試写会、上映交流会、上映講習会、一周年記念交流会などのイベント実施が十三回に及ぶ。

二〇一九年六月十二日には、国会パブリックビューイングの活動によって、私が日隅一《ひずみかず》雄《お》・情報流通促進賞の奨励賞を受賞した。副賞の十万円は国会パブリックビューイングに寄付し、前述の一周年記念交流会の会場費などに充《あ》てた。

当初は「この国会の現状を見てほしい」と始めた活動だが、活動を継続し、街頭上映に参加した方の反応を受け、交流会でも意見をもらっていくなかで、この活動にはどういう意味と独自性があるのかが、次第に見えてきた。

第　三　章

映像がもたらしたもの

スクリーンをきっかけに立ちどまる

国会パブリックビューイングが当初、注目を集めたのは、映像を街頭行動に取り入れた点だった。街頭のスピーチには足をとめない人も、街頭のスクリーンに映し出される国会審議映像には足をとめる。街中の液晶ビジョンのプロモーションビデオに目を向けるように、映像に目を向けることには抵抗がないのだ。

街頭のスピーチだと、話し手と向かい合って立ちどまることになるため、緊張するし、目のやり場に困る。大きな選挙でたくさん人が集まっているときの街頭演説ならまだしも、そうでないときに話し手に向かい合って立つのは、わざわざ関心を持ってその場に足を運ぶのでないかぎり、したいと思わない人が多いだろう。

けれども、そこに映像が流れていれば、スクリーンを見ていればよい。スクリーンの横に主催者が立っていなければ、なおさら抵抗は少ないし、横で説明していても、視線はスクリーンに向けることができる。

二〇一八年七月以降、私たちは解説付きで制作した五十五分の番組『第1話 働き方改革――高プロ危険編』[*1]の無人上映を続けた。街頭にスクリーンを設置し、パソコンとプロジェクターで番組を投影し、国会パブリックビューイングのリーフレットをスクリーン近くの路上に置くだけで、メンバーは誰も立たず、呼び込みも説明もせず、少し離れた場所から静かに上映の様子を見守った。

そうすると、映像に目を向け、足をとめる人が出てくる。ひとりが足をとめれば、その人を見た別の人も立ちどまる。小さな子が足をとめたり、自転車で通りかかった少年が自転車のハンドルを握ったまま、スクリーンに近づいてきたりもした。

離れたところを歩く人にも聞こえるような大音量にはしない。スクリーンの前で落ち着いて聞いていられる音量に調整する。トラメガではなく、キューブから出る音は、人の声として聞こえる。スクリーンの映像ではなく、国会審議の発言の音声を耳がまずとらえ、それから映像に近づいて目を向ける人もいる。

番組を制作したメンバーの横川圭希さんは、五分間立ちどまってほしいのだと語っていた。ひとつの国会審議の場面は三分ほどで、前後に私の短い説明が入っているので、五分間立ちどまってくれれば、国会審議のひとつのやりとりを見てもらえる。実際には、足をとめて見始めた方は、十分、十五分と、長く見てくれることが多かった。私たちはその方たちの背後に立って、声をかけられれば説明し、頃合いを見て、そっとリーフレットを手渡したりした。

映像の切り出しかたで変わる印象

五十五分の独自番組『第1話　働き方改革――高プロ危険編』には、働き方改革関連法案の国会審議について十二の場面が解説付きで収録されている。これを二〇一八年の七月以降、室内で上映して参加者の意見を聞いたとき、もっと短いものにして、もっとインパクトのある場面を取りあげたらどうかという意見がたびたび寄せられた。短く編集し、寄付を募って駅前などの大型液晶ビジョンで上映できないか、という声もあった。

そのような意見が寄せられるたびに、横川さんは「じゃあ、あなたがやってみてください」と返していた。私たちは番組の映像ファイルを希望者に提供しており、取り組みの趣旨に反しないかぎりは編集を加えていただいてもよいという姿勢でのぞんでいた。実際には、編集を加えてみたという連絡はこれまで受けていないのだが。

正面から反論はしなかったものの、インパクトのある場面を短く編集して、くり返し流すという意見は、私たちの目指しているものとは違うと考えていた。

インパクトとは何だろう。国会はこんなにひどい状況になっているということを端的に示す場面だろうか。

六月十五日の最初の新橋ＳＬ広場での国会審議映像の上映のさい、私は、衆議院厚生労働委員会における働き方改革関連法案の強行採決の場面も入れようかと一度は考えた。しかし、それは入れないことにした。混乱のうちに強行採決がおこなわれる、それに野党が強く抗議する——そういう場面はテレビのニュースでも流され、新聞記事にも写真が載る。野党が反対している法案が強行的に採決に至ったことが、そこからわかる。

けれども、その映像を流しても、共感を得ることは難しいだろうと思った。「どっちもどっちだ」「国会なんて、しょせんはパフォーマンスだ」と受け取られる懸念があった。あるいは「野党は何をしているんだ」と思われるかもしれない。与野党対決法案の場合、採決させまいと委員長席の文書の奪い合いになったり、マイクの奪い合いになったり、委員長のまわりを与党議員が固めてそれに抗議する野党議員とつかみ合いになったりすることがある。それは、強行採決させまいとする野党側と、採決してしまおうという与党側との攻防なのだが、その場面だけを見ると、暴力的に見える。野党議員のふるまいに、むしろ嫌悪感を抱いてもおかしくない。

だから、強く与野党が対立しているような、一見しただけで「絵になる」場面を切り出して見せることは、私たちが国会パブリックビューイングでやりたいこととは違っていたのだ。また、短く編集したほうがよいという意見も、自分たちが伝えようとしていることとは違うと、私たちは街頭上映の経験から確信することになった。

実は横川さんは、五十五分の番組を十三分ほどに再編集したダイジェスト版も作っていた。[*2]五十五分の番組では、十二の場面から成る国会審議のそれぞれは、注目場面を三分ほどに切り出しているが、切り出した部分について、さらに切り貼り編集は施していない。加工なしに、その場面を切り出しただけだ。それに対して、ダイジェスト版は、ニュースで国会審議の場面を数秒で見せる場合と同様に、切り出した三分ほどのやりとりをさらに切り刻んで、一部をカットして残りをつなぎ合わせる編集を施したものだった。要は、ポイントだけをつなぎ合わせたものだ。

パソコンの画面で見ると、ダイジェスト版の方がテンポよく感じる。全部で十三分間ならば、街頭で立ちどまった人に全体を見てもらうこともできる——理屈のうえではそう思えるのだが、実際にダイジェスト版を街頭上映してみると、内容を知っている私たちでさえ、「あれ?」と思うほど、それはいつの間にか終わってしまう出来事に変わっていた。内容が頭に入らないままに、十三分間が終わってしまうのだ。

パソコンの画面で、見ようと思って集中して見る映像と、街中で、たまたま目にとまって見る映像とでは、その内容が頭に入ってくる環境が違うのだ。街頭だと、通り過ぎる人の動きや車の動きもあるし、街中の雑音もある。そういった環境でスクリーンに目を向けても、室内でパソコンの画面を見るときと比べて、集中力はそがれてしまう。

さらに、スクリーン上で展開されているのは、第一章で見た論点ずらしの「ご飯論法」のような、わかりにくいやりとりであるので、一見しただけで内容を把握することは、ますます難しくなる。大声で言い合っているようなわかりやすい場面ではなく、野党議員の真摯な指摘に対して、わかりにくくごまかした答弁がおこなわれている現状こそ、もともと見てもらいたいと考えていたものだった。だから、そのわかりにくい問題点をわかってもらうためには、室内上映では冗長に見えるぐらいのテンポでも、街頭上映の場合には、見る人の理解が追い付くために、編集して圧縮してしまわないほうがよかったのだ。

やりとりの細部に潜む大切なこと

やりとりに集中するからこそ気づくポイント、やりとりの音声に耳を傾けるからこそ気づけるポイントがある。

そのことを私は、ＴＢＳのラジオ番組『荻上チキ・Ｓｅｓｓｉｏｎ‐22』にゲスト出演するなかで学んだ。この番組は月曜から金曜までの午後十時から十一時五十五分に放送されており、うち五十五分ほどの時間枠の「メイン・セッション」では、専門家をゲストに招いてワンテーマを生放送で深掘りすることを続けている。働き方改革の国会審議についてもこの番組ではたびたび取りあげており、私は二〇一八年の国会審議中にスタジオゲストや電話取材でたびたび出演した。

この『荻上チキ・Ｓｅｓｓｉｏｎ‐22』では、問題を検証するために国会審議の実際のやりとりを、かなり長い時間を割《さ》いて音声で紹介していた。部分的なカットが施されることはあるが、やりとりの多くを残したかたちでの紹介だ。ラジオなので、映像はなく音声のみ。音声だけで国会のやりとりに耳を澄ませていると、そこに会議録の文字には表れてこない情報が含まれていることがわかった。淡々としたやりとりのなかに、異質なひっかかりが、ところどころに出現するのだ。

たとえば、第一章に記した裁量労働制のデータ問題について、私が同番組にゲスト出演し

TBS ラジオ『荻上チキ・Session-22』のスタジオ風景。2018 年 2 月 12 日。

て語った二〇一八年二月十二日の回を取りあげてみよう。二月十四日に安倍晋三首相が答弁を撤回し、野党合同ヒアリングが始まって多くのメディアがこの問題を一斉に報じ始めるより二日前に、同番組はすでに特集を組んで、私をゲストに迎えてくれた。その番組のなかで、私の解説と合わせたかたちで、一月二十九日の衆議院予算委員会における立憲民主党の長妻昭議員の質疑に対する安倍首相の答弁や、一月三十一日の参議院予算委員会における民進党の森本真《しん》治《じ》議員の質疑に対する加藤勝信厚生労働大臣の答弁などが、一部をカットしながらも「やりとり」として音声で紹介された。

　番組のメイン・セッションの内容は、『荻上チキ・Session-22』のホームページ上ですべて音声で公開されている[*3]ので、実際に聞いてみていただきたい。そのなかで一月三十一日の森本議員の質疑に対して、加藤大臣は次のように笑いをまじえて答えていた。番組の音声配信の二十七分過ぎからだ。

（番組の音声配信の文字起こしの抜粋。カッコ内は、番組でカットされた部分）

森本議員　（今、労働弁護団でありますとか）「過労死を考える家族の会」の皆さんなどがですね、この制度、裁量労働制というものが適用拡大になっていくなかで、長時間労働が、むしろ助長されるのではないかというような懸念を持たれているということを、私も伺ってますが、これらのみなさんの認識って、誤りなんですかね。間違っていますか。

加藤厚労相　あの……ま……どういう認識、どういう認識のもとで（笑）ですね、お話しになっているのかということがあるんだと思いますけれども、ま……たしかに、いろんな資料を見ているとですね、裁量労働制の方が実際の……お……一般の働き方に比べですね、長いという資料もございますし、他方で、え……平均的な、平均で比べてですね、短いという統計もございますので、それは、それぞれファクトによって、見方は異なってくるんだろうと思いますが（以下、略）。

「過労死を考える家族の会」の会員の方々の多くは、みずからの家族を過労死や過労自死で失った方々だ。日本労働弁護団の弁護士の方々も、過労死・過労自死・鬱《うつ》病などに至る長時間労働の事案に日々、向き合われている。その方々が、長時間労働を助長するという懸念から裁量労働制の拡大に反対していた。それに対する加藤大臣の答弁が、これなのだ。

本来、笑いをまじえて語るような内容ではない。にもかかわらず加藤大臣は、「どういう認識のもとで（笑）」と、笑いつつ答弁した。偏《かたよ》ったデータに依拠して偏った認識をお持ちの方々だ、と言わんばかりの笑いだった。

しかし、実際には、ここで加藤大臣が示した「短いという統計」とは、一月二十九日の衆議院予算委員会の答弁で安倍首相が紹介したデータであり、「厚生労働省の調査によれば」として示されたものであったが、第一章でも示したように、その答弁は撤回に至り、二月十九日の衆議院予算委員会では、比較してはいけないものを比較していたとして加藤大臣が「深くお詫《わ》び」することになるデータだった。[*4]

一方で、このときの質疑で森本議員が示した労働政策研究・研修機構の調査結果[*5]では、裁量労働制の適用労働者の方が、通常の労働時間制度のもとで働く労働者に比べて労働時間が長くなっていることが示されていた。

その後の質疑で明らかになっていったとおり、裁量労働制の方が労働時間が長いという調査データはあっても、裁量労働制の方が労働時間が短いという調査データは、厚生労働省は示せなかった。にもかかわらず、安倍首相が答弁で言及したデータがおかしいという問題が国会でくり返し追及される前のこの一月三十一日の時点で、加藤大臣は、あなた方は偏ったファクトによって現実を見ており、私たちは厚生労働省の調査データによって、より正しく現実を見ているのだ、という印象を与えることが目的であるかのように、「どういう認識のもとで（笑）」と笑いをまじえて答弁したのだ。

こうした答弁の異常さは、質疑と答弁という「やりとり」を音声や映像でじっくり見るなかで、初めて浮かびあがって見えてくる。もし、これがニュース映像で、

裁量労働制の方が実際の……お……一般の働き方に比べてですね、長いという資料もございますし、他方で、え……平均的な、平均で比べればですね、短いという統計もございます。

という部分のみ紹介されれば、その異常さに気づくことはできない。答弁の「内容」のポイントとしては、切り出すならこの部分になるだろう。しかし、注目すべきポイントは、そこではなく「どういう認識のもとで（笑）」という笑いの部分なのだ。

言い淀みや言い直しから見えてくるもの

また、同番組に出演して注意深く国会審議の音声に耳を傾けるなかで、私は、答弁に見られる言い淀みや言い直しのなかにも、問題が潜んでいる場合があることに気づいた。

たとえば、右の一月三十一日の答弁で加藤大臣は、「平均的な、平均で比べればですね」と言い直している。森本議員との続くやりとりのなかでも、

私どもの平成二十五年労働時間等総合実態調査、これ、厚生労働省が調べたものでありますけれども、ま……平均的な、あ……一般労働者、の時間が九時間……これ一日の実労働時間ですが、九時間三十七分に対して、企画業務型裁量労働制は九時間十六分と、まあ、こういう数字もある、ということを、先ほど申し上げたところでございます。

と、「平均的な」という箇所で言い淀みが見られる。

そして、答弁撤回に至った一月二十九日の安倍首相の答弁でも、同じデータに言及するなかで、次のような言い直しがあった。なお、国会会議録では、「平均な、」の部分は収録されていない。

厚生労働省の調査によれば、裁量労働制で働く方の労働時間の長さは、平均な、平均的な方で比べれば、一般労働者よりも短いというデータもあるということは、ご紹介させていただきたいと思います。

なぜ、こういう言い直しや言い淀みがあったのか。あとから国会質疑のなかで明らかにされていったことだが、おそらくは、ここで紹介されたデータが、二種類の労働者の労働時間の平均を比べているものであるように見せかけながら、実際は二種類の労働者のうち、それ

厚生労働省から長妻議員へ手交

＜裁量労働制のみなし労働時間・実労働時間の状況＞

		みなし労働時間（平均）	実労働時間（平均）
専門業務型裁量労働制	最長の者	8:32	12:38
	平均的な者		9:20
企画業務型裁量労働制	最長の者	8:19	11:42
	平均的な者		9:16
一般労働者	最長の者	ー	11:11
	平均的な者	ー	9:37

問1−6

出典：厚生労働省「平成25年度労働時間等総合実態調査」

国会答弁のさいの参考資料とされているもの。厚生労働省から長妻昭議員に、経緯説明のために示された。なお、出典が厚生労働省「平成 25 年度労働時間等総合実態調査」となっているが、実際はこの調査のデータを不適切に加工したうえで、この表は作成されている。詳しくは、巻末の「註」第三章＊６を参照。

ぞれ「平均的な者」の労働時間の平均時間を比べたものであったからだろう。

わかりにくいが、こういうことだ（図表）。当初の国会審議で政府側は、調査票の開示を拒み、何をどう尋ねたのかがわからなかったが、あとから厚生労働省側が開示したところによれば、一月二十九日の安倍首相と一月三十一日の加藤大臣が答弁でこのデータに言及したさい、手元にあったのはこのような参考資料だったという。[*6]

二月五日の衆議院予算委員会において、希望の党の玉木《たまき》雄一郎《ゆういちろう》議員は、この調査における「平均的な者《もの》」の定義を取りあげた。そのとき以降、加藤大臣は「平均的な者《しゃ》」という言いまわしを使うようになる。

もし当初から安倍首相や加藤大臣が「平均的な者《しゃ》」という言いまわしを使っていれば、それは何であるか、という疑問が聞く者に生じただろう。しかし、「平均的な者」という表現を使わずに、あたかも裁量労働制の労働者と通常の労働時間制の労働者の労働時間を平均値で比べたかのように聞こえる言いまわしを安倍首相と加藤大臣はおこなった。言い淀んだり、言い直したりしながら。

この参考資料のデータをもとにするならば、安倍首相も加藤大臣も、「平均的な者で比べれば」という言い方をしなければいけなかった。しかし、加藤大臣は一月三十一日の答弁において、「平均的な、平均で比べればですね」「平均的な、あ……一般労働者、の時間が」と語り、あたかも労働時間の平均の比較であるかのように、聞き手に誤認させたのだった。

このような言い淀みや言い直しは、国会会議録には残らない。音声で聞いて初めて気がつくポイントだ。

私が国会パブリックビューイングで、切り貼り編集をせずに、一部を切り出しただけのかたちで、質疑と答弁を一連の「やりとり」として紹介したいと考えたのは、このように同番組に出演して国会審議の音声を注意深く聞いていた経験がもとになっている。振り返って考えてみれば、私たちが解説付きで国会審議映像を街頭で紹介したことは、同番組で荻上チキさんがとってきたスタイルをそのまま真似《まね》て、音声に映像を加え、スタジオを街中に変えて、おこなったものだとも言える。

映像だからこそわかること

このようにラジオで国会審議を聞くと、音声だけのやりとりを集中して聞くので、言い淀みや言い直し、迷いがあるような語り口、唐突な笑いなどに注意が向く。それに映像が加わると、音声への注意はより散漫になるが、映像だからこそ見えてくるものが新たに出てくる。たとえば、第一章で紹介した三月五日の参議院予算委員会での、野村不動産における過労死の労災事案を知っていたかを問われた場面。

ここで安倍首相は、後ろに控える内閣総理大臣秘書官を振り返り、明らかにそわそわしながら答弁している。加藤大臣にまず答弁させてから答弁すると言ったあとで、加藤大臣が答弁の手を挙げているのに、もう一度みずから答弁席に向かっていき、「これは、特別指導についてですか」と、わざと話をそらすこともしている。嚙み合わない答弁に抗議する野党の理事たちが委員長席に集まり、速記をとめて協議がおこなわれるが、そのあいだ、加藤大臣は平然とした様子で控えている。

このときの様子は、国会パブリックビューイング『第2話　働き方改革――ご飯論法編』に収録したので、ご覧いただきたい。安倍首相のあわてぶりと、加藤大臣が平然と「ご飯論法」で論点ずらしの答弁をおこなって野党の質疑をかわそうとした様子が、対照的な場面だ。

もうひとつ、『第1話　働き方改革――高プロ危険編』から、立憲民主党の長妻議員が一月二十九日の衆議院予算委員会で、安倍首相に質疑をおこなった場面を紹介したい。私が講演でよく紹介する場面だ。長妻議員が裁量労働制で働く労働者の過労死の事例を列挙したのちに、安倍首相の労働法制観を問うた場面だ。本来、当日のニュースで大きく取りあげられてしかるべき発言が安倍首相から飛び出したのだが、ニュースがこの発言を報道することはなかった。

長妻議員　労働法制、これは岩盤規制だ、自分のドリルからは逃れられない、こんなような趣旨のお話をされておられる。

私は、総理、労働法制は岩盤規制で、削りゃいいんだという意識は、変えていただきたいと思うんです。

これは、最終的に目指すところは私も総理も同じだと思いますよ。私たちも、労働法制というのは、稼ぐ力を上げるための、ひとつの大きな役割も果たすんだと。ただ、それが目的になっちゃだめですよ。労働法制は、ゆとりある働き方、今、馬車馬のように働いて、単純労働で稼ぐ時代はもう日本は終わりました。当たり前です。ゆとりのある働き方で、高付加価値を生み出すような、生産性の高い働き方をするための労働法制は、緩めない。緩めてばかりいたら、今、非正規雇用が四割を超えるということになった。私は自民党の大きな責任だと思いますよ。

こういうのも自覚をしていただかないと、間違った総理の労働法制観で進められると、ゆとりがあって、そして職業訓練も充分に受けられて、そういうリカレント教育も受けられて、私たちはインターバル規制も入れろと言っておりますし、退社してから出社するまで最低十一時間空ける、ヨーロッパでは常識ですし、契約社員もヨーロッパでは原則禁止です。解雇の予約に当たるということで。[*7] 入口規制もすべきだと思いますから。

そういう意味では、最終的に高付加価値を生む、ゆとりのある働き方をするために、労働法制を、規制を強めるところは強めることで、結果として稼ぐ力、労働生産性が上がると、私は強く感じております。非正規雇用が四割以上になって労働生産性が下がる、これも要因になったというのは、内閣府が認めています。

ぜひ、総理、岩盤規制、ドリルで穴をあけるという、この考え方はぜひ改めていただきたいと思うんですが、いかがですか。

安倍首相　その、岩盤規制に穴をあけるには、やはり内閣総理大臣が先頭に立たなければ、穴はあかないわけでありますから、その考え方を変えるつもりはありません。

長妻議員　（穴、あけちゃ、だめですよ。非正規、増えちゃうから）[*8]

ここで安倍首相は、長妻議員の指摘をまったく受けとめずに、岩盤規制に穴をあけると答弁している。この岩盤規制とドリルというのは、安倍首相が二〇一四年一月二十二日のダボス会議（世界経済フォーラム年次会議）で、「既得権益の岩盤を打ち破る、ドリルの刃になる」「向こう二年間、そこでは、いかなる既得権益といえども、私の『ドリル』から、無傷ではいられません」と語ったのを受けたものだ。[*9]

安倍首相はその二年半後の二〇一六年八月三日の内閣改造時の記者会見では、「働き方改革」を「最大のチャレンジ」と位置づけ、「長時間労働を是正します。同一労働同一賃金を実現し、『非正規』という言葉をこの国から一掃します」と語っていた。[*10]「世界で一番企業が活躍しやすい国」を目指すという従来の姿勢から、労働者の働きやすさ重視に方針を切り替えたかのように印象づけていた。二〇一八年の働き方改革関連法案の国会審議でも、罰則付きの時間外労働の上限規制を前面に打ち出し、規制緩和策である裁量労働制の対象業務の拡大と高度プロフェッショナル制度の導入には、極力、言及しない方針を政府は取った。

にもかかわらず、その働き方改革関連法案の国会審議の当初の段階であるこの一月二十九日に、労働法制を岩盤規制と見なし、自分が先頭に立ってその岩盤規制に穴をあけると安倍首相は公言していたのだ。働く人のための働き方改革を進めると標榜《ひょうぼう》しながらも、実際の狙いは経済界が求める規制緩和を実現させることにあるという、安倍首相の本音が表れた答弁だった。

本来なら、これは注目されるべき発言だった。しかし、注目されなかった。報道が適切に光を当てることができなかった発言だった。

『第1話　働き方改革――高プロ危険編』に収録した映像で見ると、ここで安倍首相は、答弁書には目を落とさず、長妻議員の方を向いてこの発言をおこなっている。答弁書で用意された発言ではなく、持論を開陳した場面であることが、その視線の置きどころからわかる。

長妻議員に労働法制観を改めていただきたいと言われて、むきになって本音を出した場面のように見える。

それに続く「それとですね……」というところになると、安倍首相は、答弁書に目を落とし、棒読みのような発言になる。そこで続けて語られたのは、前述の、答弁撤回に至った、裁量労働制の方が労働時間が短いというデータだった。

つまり、この一月二十九日の安倍首相の答弁には、報道が光を当てるべきポイントが大きくふたつ、含まれていたことになる。そのうちの後者は、私が光を当てたことによって、裁量労働制のデータ問題に関する国会審議における追及につながり、裁量労働制の拡大を政府が法案から撤回するという異例の事態に至ったが、前者には適切に光を当てられないままとなった。私たちはそれを、国会パブリックビューイングの映像によって、光を当てて記録に残したわけだ。

時間をかけて考える材料を提供する

ややこみいった説明になったが、「短くてインパクトのある映像」を街頭上映したらどうかという声と、国会パブリックビューイングが光を当てようとしているものの違いをわかっていただけるだろうか。

「短くてインパクトのある映像」とは、それだけを見れば「ひどいな」とわかるような映像を指すのだろう。しかし、実際の国会審議は、問題だらけであっても、そのようなわかりやすさを必ずしも持ち合わせていない。だからこそ、丁寧に光を当てて、説明を加えたうえで見てもらう必要があるのだ。そうすることで初めて、答弁のなかで隠しておきたかった本質的な問題が浮かびあがってくる。

私たちの五十五分の独自番組『第1話　働き方改革──高プロ危険編』は、じっくり見てもらうことによって、高度プロフェッショナル制度という労働時間規制の緩和策が、いかに働く人の健康を損なう危険があるか、いかに経営側による働かせ過ぎへの歯止めを欠いたものであるかに気づけるような構成になっている。国会審議映像の前後に挟んだ私の説明のなかでも問題点を指摘しているが、できるだけ評価の押し付けにならないように努めた。「こういうものだから危険だ」というメッセージを投げかけるのではなく、映像から自分で読み取ってもらう──そのほうが、受け取る中身は、より主体的につかみ取ったものになり、より深く受け取ってもらえる。そういう効果に気づいたのは、二〇一八年十月七日に長野県・松本駅前で『第1話　働き方改革──高プロ危険編』を上映した[*11]あとで、それを見ていたと思われる方のツイートを目にしたときだった。

松本駅前は広く、人通りも新宿や渋谷に比べてゆったりとしており、スクリーンの前には地面に座って映像を見る人の姿もあった。上映のあとでツイッターを検索してみると、街頭上映を二十分ほど見たという方のツイートがあった。安倍首相と加藤大臣の答弁は、口調こそ丁寧であるものの中身がなく、質問に答えていないという評価とともに、自分の会社が高

長野県松本駅前での『第１話　働き方改革――高プロ危険編』の街頭上映。立ちどまって、じっくり見てもらえた。2018 年 10 月 7 日。

度プロフェッショナル制度を導入しようとしたら、理論武装して嫌だと言う、という趣旨のコメントが記されていた。

そうだ、私たちが受け取ってもらいたかったものを、この方は受け取ってくれたのだと思った。そして、映像を見てくれる人の数の多さではなく、そこから何かを受け取ってくれる人がひとりでもふたりでもいることにこそ、私たちの街頭上映の意味があるのだと思った。松本まで出かけるには交通費も宿泊費もかかるのだが、そうやって東京の喧騒《けんそう》を離れてじっくり見てもらえる場で街頭上映することには、意味があるのだと実感した出来事だった。

私たちは、この第1話の番組を、渋谷のハチ公前のスクランブル交差点付近でも上映したことがある。たしかに人通りは桁《けた》外れに多い。ちらっと目を向けてくれる人々の数は、延べで数えれば、松本の街頭上映よりはるかに多かったことは明らかだ。けれども、渋谷の場合、あまりにも人通りが多すぎて、立ちどまって見てみようと思う人がいたとしても、後ろから歩いてくる人の妨《さまた》げになるために、立ちどまりにくいような状況だった。そういう場所でとにかく多くの人に一瞬でも目を向けて見てもらうことと、この松本駅前の街頭上映のようにじっくり見てもらうことの、どちらが大事だろうか。私たちは、後者だと思ったのだ。

だから私たちは、街中の大型液晶ビジョンで国会パブリックビューイングの映像を上映できないか、と考えたことはない。見上げる位置にある液晶ビジョンで数秒の映像を上映するのではなく、落ち着いて立ちどまれる場所でじっくりスクリーンに目を向けて、考えながら見てもらえる。そういう場所を選んで、上映を続けることにした。

編集しないで一次資料を提供

私たちは、国会パブリックビューイングで国会審議映像を紹介するにあたって、野党議員の質疑と政府側の答弁を「やりとり」として三分程度に「切り出し」はしても、それをさらに切り刻んで一部をカットするなどの切り貼り編集を施すことはしなかった。それは、もともとは編集上の簡便さによるものでもあったが、前述のとおり、ダイジェスト版の上映では内容が頭に入ってこないことを経験から学んだためでもある。その後、切り貼り編集を施していない五十五分間の番組だけを、街頭でも室内でも、上映してきた。

CM制作なども手掛けてきたメンバーの横川さんによれば、この番組は、映像用語で言うと「粗編《あらへん》」にあたるのだという。編集を施した完成品を制作する前段階として、映像を粗くつなぎ合わせたものだ。商業的な映像であれば、これを切り貼り編集して完成品を制作するわけだが、私たちはこの「粗編」をもって完成品とした。

そうした背景には時間的な制約や、それほど手数をかけられないという事情もあったが、それとは別に、切り貼り編集を施さなかったことは、私たちの番組を野党寄りの勢力による「印象操作だ」とする批判をあらかじめ避ける意味でも、プラスに作用した。

ニュースで国会審議が紹介されるさいには、たいてい、野党の質疑は映像だけで、音声は省略したかたちでアナウンサーによって要約して紹介され、安倍首相や大臣の答弁もポイントだけが切り取って紹介される。要約して紹介された野党の質問内容と安倍首相や大臣のポイントを絞った答弁は、嚙み合っているように見える。そのように編集されているからだ。

しかし、編集を施さずにありのままに見れば、野党の質疑と嚙み合わない、あえて論点をずらした答弁を、安倍首相や大臣は平然とおこなっている。嚙み合わない答弁なのだが、その答弁だけを取り出して再構成すれば、もっともらしく聞こえる答弁が作りだされる。その部分だけをニュースで切り取って紹介すれば、問題ないかたちの答弁になることを、あらかじめ狙っているかのようだ。

だからこそ、切り貼り編集はせずに切り出しただけのそのままの「やりとり」を示すと、あえて論点をずらして不都合な問題に向き合わずに済ませている政府側の姿勢が浮き彫りになる。そこで浮き彫りになったものについては、「印象操作だ」という批判をかわすことができる。そのまま切り出しただけで、偏った編集などは施していないのだから。[*12]

「粗編」である五十五分の番組が長すぎるという意見が、二〇一八年七月当初の試写会で出されたとき、横川さんは「これは上西先生の学術論文みたいなものですから」と語っていた。私はそのとき、「学術論文」という表現には違和感があった。なぜなら、あいだに挟んだ私の解説は、必要最小限の解説でしかなく、本当はそれらの国会審議映像を素材にして解説で言いたいことは、もっとたくさんあったからだ。

けれども、「学術論文」を、出典を明記した作品と考えれば、たしかにそうだと思うようにもなった。『第1話　働き方改革――高プロ危険編』も『第2話　働き方改革――ご飯論法編』も、国会審議映像には、いつのどの委員会の映像で、発言者は誰であるかの情報をテロップでつけている。そして、切り出しはしているが、切り貼り編集は施していない。そこにあるのは、インターネット審議中継からダウンロードした、出典が明らかな国会審議映像である。つまりは一次資料だ。その一次資料の映像がどのような国会審議の文脈から切り出されたものであるかは、衆議院と参議院それぞれのインターネット審議中継から、また国会会議録検索システムにより入手できる会議録から、各自が確認することができる。

出典を明示して、一定の解釈を施して、国会審議映像を見てもらう。その受けとめ方は、見る人にゆだねる。国会パブリックビューイングがおこなっている取り組みは、そういうものだ。

可視化することで明らかになること

このように国会質疑の注目ポイントを「やりとり」としてそのまま切り出し、解説付きで提供する取り組みは、野党の質疑に誠実に答えているかのように見せかけた、政府の印象操作を無効にする。無効にするだけでなく、印象操作の卑劣さをあばきだすこともできる。『第2話　働き方改革――ご飯論法編』では、ふたつの論点ずらしの場面を取りあげた。ひとつは第一章にも紹介した、野村不動産における過労死の労災事案を知っていたかどうかを加藤厚生労働大臣がはぐらかそうとした場面だ。もうひとつは、過労死の悲劇を二度とくり返さないと言いつつ、労働時間規制の緩和策である高度プロフェッショナル制度の導入を、「など」の言葉のなかに隠し込むことによって言及せずにすませた安倍首相の答弁だ。

後者について、具体的に見てみよう。二〇一八年五月二十三日の衆議院厚生労働委員会で、国民民主党の柚木道義議員は、「全国過労死を考える家族の会」による面会要請に、安倍首相が応じることを求めた。家族会の方々は、高度プロフェッショナル制度の削除を求めて加藤厚生労働大臣と面会したが、その面会記録には、家族会が高度プロフェッショナル制度の削除要請をおこなったことが記されていなかった。厚生労働大臣が家族会の要望を受けとめなかったことから、家族会は安倍首相に面会要請をおこなっていたが、首相官邸側は面会要請のファクスを受け取ることさえ拒んでいた。そこで家族会の方々が十五名以上傍聴席で見守るなかで、柚木議員が国会質疑で安倍首相に面会を要請したのだ。

それに対する安倍首相の答弁は、一見すると、過労死の悲劇を二度とくり返さないという家族会の願いを真摯に受けとめているように見える。しかし、面会要請には応えず、高度プロフェッショナル制度の削除にも応じようとしない。その相反する姿勢が、「など」のひと言によってごまかされていた。次の安倍首相の答弁を、注意深く読んでみていただきたい。

柚木議員　過労死家族会の寺西笑子《えみこ》代表が、昨日もこの場で、総理、資料の一をごらんください。安倍総理への面会要請をちょうど一週間前になされて、そして、この委員会での質疑も経て、金曜日の夜に安倍総理にそのことが伝わっているというのは、今日も答弁で確認をされています。

この面談のご依頼、安倍総理に対してですね。長時間労働を是正し、過労死をゼロにするという決意をくり返し安倍総理は語っておられますが、私たちは、高度プロフェッショナルなど、逆に過労死を増やしかねない改革が法案に含まれていることに強い危機感を持っていると。そして、万が一にも、過労死を増やす法案が成立することは絶対にあってはならない、過労死で愛する家族を失い、地獄の苦しみを、失うのは私たちだけでたくさん、過労死防止のために私たちは人生をかけて活動していると。

残りの人生をかけてずっと活動をされてこられている方も、たくさん今日おいでです。そういうみなさんの声、しかも、ぜひとも私たちの声を、直接ですよ、直接お聞きいただきたく、切に面談をお願い申し上げますということでございます。

安倍総理、まだお会いいただけていないとお聞きしていますが、採決の前にせめて、今日も、過労死を防ぐ協議会が厚生労働省であって、その後、必死の思いで、ここに来れば総理にちょっとでも会ってもらえるかもしれないという一縷《いちる》の望みをかけて来られているんです。

採決の前に、ちょっとでもいいです、ぜひ面談をしていただく。ご答弁をお願いします。

安倍首相　委員会の運営については委員会がお決めになることでありまして、私が意見を述べることは差し控えたいと考えております。

過労死、過労自殺の悲劇を二度とくり返さないとの強い決意であります。政府としては、全国過労死を考える家族の会の皆様を含め、過労死をなくしたいとの強い思いを受けとめ、罰則付きの時間外労働の上限を設けることなどを内容とする働き方改革関連法案の成立に全力を挙げているところでございます。

これはまさに、ずっとできなかったのでございますが、いわば初めて労使が合意をして、三六《さぶろく》協定でも超えられない上限を設けた。これは罰則付きで設けたということでございます。

ご指摘の、全国過労死を考える会からの面会のご要請については、政府として受けとめて検討した結果、働き方改革関連法案に対するご意見であることから、法案の担当省庁であり、その内容、経緯等を熟知している厚生労働省において承らせていただくことの結論に至ったものであります。

私としては、そうしたご意見については、法案を担当する厚生労働大臣ないし役所から、しっかりと承りたいと考えております。

いずれにいたしましても、過労死をなくしたいとの思いをしっかりと受けとめ、全力を尽くしていく考えでございます。

「過労死をなくしたいとの強い思いを受けとめ」と言っておきながら、働き方改革関連法案のなかの規制強化策である「罰則付きの時間外労働の上限を設けること」だけに言及し、規制緩和策である高度プロフェッショナル制度の創設については、「罰則付きの時間外労働の上限を設けることなどを内容とする働き方改革関連法案」と、「など」の言葉のなかに隠し込み、その双方を抱き合わせで盛り込んだ働き方改革関連法案を成立させることが、まるで家族会の思いをしっかりと受けとめた対応であるかのように、安倍首相は答弁したわけだ。

聞き流していると、安倍首相の答弁は、家族会の思いを受けとめた真摯な答弁のように聞こえる。しかし、傍聴席で質疑を見守っていた家族会の方々には、この答弁の欺瞞《ぎまん》は、すぐにわかっただろう。「など」の言葉に高度プロフェッショナル制度の創設が隠し込まれていることがわかれば、面会を求める家族会の方々の前で、よくもこんな答弁ができたなと思える。あまりにも心ない答弁だ。

そういう心ない答弁であることに、私はしっかりと光を当てておきたかった。『第2話』でこの場面を取りあげたのは、そういう理由による。

二〇一九年一月二十日に「京都で国会パブリックビューイング」が主催したイベントで、同団体のメンバーでもあるゲーム作家の飯田和敏《いいだかずとし》教授は、可視化を徹底すれば印象操作はできなくなると語った。そうなのだ。印象操作とは、都合の悪い部分を隠し、見せたい部分だけを見せる操作が可能であるからこそ、効果を発揮する。その印象操作は、可視化を徹底させることによって崩すことができるのだ。

国会はもともと、映像と会議録によって可視化が徹底されている。けれども、そこに適切に光を当てなければ、政府側の答弁においてどのような印象操作が施されているかが見えてこない。だから適切に光を当てて、卑劣な印象操作を浮かびあがらせる。国会パブリックビューイングの番組制作は、それを可能にしたものだと考えている。

受け取れるものの多様さと幅広さ

とはいえ、上映交流会で『第2話　働き方改革――ご飯論法編』を上映したときには、「難しい」という反応も多かった。論点ずらしの「ご飯論法」を読み解くために、最初は字幕なしで、次は字幕ありで、次は解説付きでと、三度同じ映像を見て確認してもらう内容構成だったのだが、それでも前述のように「など」という言葉のなかに不都合な法改正が隠し込まれていることは、ぴんと来ない方もおられた。

私としては『第1話』の説明は簡略で、『第2話』の説明は丁寧なので、そのような反応は当初、意外な感じがしたのだが、そうではないのだと後で気づいた。

『第2話』は、論点ずらしの「ご飯論法」を見つけてほしいという番組の意図が明確であるため、それを「なるほど」と見つけるに至らない場合に、「難しい」と受けとめられてしまうのだろう。それに対して、『第1話』は、受けとめてほしい内容は多々あるものの、「これをわかってほしい」という目的を限定してはいないため、多様な受けとめ方に開かれているのだ。

だから、松本駅前での上映のときのように、自分の会社が高度プロフェッショナル制度を導入しようとしたら、理論武装して嫌だと言うというように深く受けとめてくれる人がいてもよいし、安倍首相も加藤大臣も、下を向いて答弁書ばっかり読んでいるんだねといったところに目をとめる人がいてもよい。それぞれの人の関心の置きどころによって、それぞれに受けとれるものが幅広く存在するというのが、映像作品のよさだろう。文章であれば、文意の読み取りという一定のハードルがあるが、映像にはそのような絶対的なハードルがないのだ。

だから、国会パブリックビューイングの取り組みに興味を持ってくれている方々の関心のあり方も、さまざまなのだろうと思う。街宣に映像を持ち込むというアイデアに興味を持つ人もいれば、国会審議の論点の可視化に意義を見出す人もいる。市民による独自のメディアという側面に関心を持つ人もいる。どれも、映像の力によるものと言えよう。

映像をもとに語り合う

映像から受け取るものが多様であり、幅が広いということは、その映像をもとに語り合うことに意味があるということでもある。私たちが各地で実施した上映交流会では、制作した番組を流したあとに、参加者が三、四人の少人数で輪になって、国会審議を見て考えたことをたがいに語り合う時間を設け、さらにそのグループごとの意見交換のポイントを全体で共有する時間も設けることにした。

そうすることによって、大臣の後ろにいる人たちは誰かといった疑問が出ることもあり、彼らは大臣の答弁を補う政府関係者だといった補足的な説明をおこなうこともできた。また、自分では目をとめなかったポイントに目をとめた人のコメントを聞いて、参加者が新たな発見に導かれることもあった。

そのような意見交換の機会を設けることにしたのは、二〇一八年八月三日に参議院議員会館でシンポジウムをおこなったさいの参加者アンケート結果に基づいている。三百人ほどの参加者のうち百二十八名から回収したアンケートでは、今後の国会パブリックビューイングに期待する取り組みとして、「国会審議の街頭上映」（七十一パーセント）に続き、「国会映像を用いた意見交換会」（四十二パーセント）と「新たな映像作品の制作」（四十二パーセント）が並んでいた[*13]（複数回答）。

単に見るだけでなく語り合いたいというニーズがあることがわかったため、その後に実施した各地での上映交流会で意見交換の時間を設けたところ、参加者の満足にもつながっていることが、それぞれの交流会終了後の参加者アンケートからもうかがえた。

二〇一八年十二月三十一日に年の瀬の新宿西口小田急百貨店前で、『第1話　働き方改革――高プロ危険編』をモニターでテスト上映したとき、「国会って、テレビで見ていると、イライラして、チャンネルを変えちゃうんだよね」と語りかけてきた男性がいた。そう語りながら、その男性は三十分ほど、私たちが制作した番組を見てくれていた。ひとりで国会審議を見ているだけだと、苛立《いらだ》って見続けることができない。けれども、そこに解説があり、いっしょに見る人がいて、愚痴《ぐち》や感想を語り合うこともできれば、それは見るべきコンテンツになる。まさに、国会をひとりで見るよりも、「パブリックビューイング」として見るほうが、面白く、発見が多いということだろう。

第　四　章

進行中の国会審議を取りあげる

新しいテーマに対応する

国会パブリックビューイングは二〇一八年十一月八日以降、第一九七回臨時国会で審議中だった外国人労働者受け入れ拡大のための入管法改正の国会審議を「緊急街頭上映」としてライブ解説付きで取りあげた。二〇一九年一月からは統計不正問題に関する閉会中審査と第一九八回通常国会を、これもライブ解説付きで取りあげた。いずれも、私が司会進行と簡略な解説を担い、踏み込んだ解説は、ゲスト解説者にお願いした。二〇一八年六月十五日の新橋ＳＬ広場での初めての街頭上映以降、働き方改革の国会審議をずっと取りあげてきたが、ここで新たなテーマに新たな方法で取り組んだわけだ。

それまでにも他のテーマも取りあげてほしいという声は外部から寄せられており、メンバーからも別のテーマも取りあげたいという意見があった。ただ、それはそんなに簡単なことではないという思いが私にはあった。

国会パブリックビューイングの街頭上映は、複数の国会審議映像を組み合わせて紹介している。そこには、こちらで構成した話の流れがある。「この国会審議を見てください」というだけのものではない。どの国会審議映像を切り出してどういう話の流れのなかに位置づけるかは、その問題に対する理解がないと判断できない。それには、その問題に対する知見が必要になるのだ。具体的に説明したい。

独自制作番組『第1話　働き方改革――高プロ危険編』の場合は、番組は五十五分。取りあげた国会審議映像は十二場面。時系列で並んでいるわけではなく、内容ごとに大きく七つのパーツに分けた。

まず、パート1は導入部。働き方改革関連法案が労働時間規制の強化策と緩和策を抱き合わせで盛り込んだ法案であったことと、そのなかの規制緩和策である高度プロフェッショナル制度とはどういう制度であるかの解説を私がおこなった。そのうえで、政府が労働時間規制の緩和策を「働く方の働き方に関するニーズはますます多様化し」「多様な働き方を選択できる社会を実現する」といったあたりさわりのない言葉によって巧妙に隠し込んで実現しようとしていたことを、二〇一八年四月二十七日の衆議院本会議における加藤勝信厚生労働大臣による法案の提案理由の映像で紹介した。

パート2では、その高度プロフェッショナル制度が、あたかも働く方のニーズに応えるものであるかのように位置づけられていたものの、実は経済界のニーズに基づいたものであり、労働法制を岩盤規制と見なして、それに穴をあけることを狙いとしていたことを、国会審議から示した。

まず、第三章でも紹介した同年一月二十九日の衆議院予算委員会における長妻昭議員（立憲民主党）の質疑に対して、安倍晋三首相が答弁で、自分が先頭に立って岩盤規制に穴をあけるのだと本音を語った場面を取りあげた。さらに審議の最終盤の同年六月二十五日の参議院予算委員会における伊藤孝恵議員（国民民主党）の質疑に対する安倍首相の答弁を取りあげた。高度プロフェッショナル制度は産業競争力会議における経済人や学識経験者による制度創設の意見を受けて、日本再興戦略において取りまとめられたのが出発点であることを語り、さらに、経団連会長等の経済団体の代表からは、高度プロフェッショナル制度の導入をすべきとのご意見をいただいていると開き直って語った場面だ。

パート3では、加藤大臣が、高度プロフェッショナル制度へのニーズをみずから聞き取ったかのように語っていたものの、実はみずから聞き取ったものではないヒアリング結果を巧妙に答弁に混ぜ込んでいたことを示した。取りあげたのは、同年一月三十一日の参議院予算委員会で、浜野喜史議員（民進党）の質疑に対して加藤大臣が巧妙にみずからのヒアリング結果であるかのように答弁した場面。そして、福島みずほ議員（社会民主党）が虚偽答弁だと追及し、加藤大臣は「どこが虚偽答弁なんですか」と開き直った同年六月十二日の参議院厚生労働委員会のやりとりだ。

パート4では、高度プロフェッショナル制度が労働基準法の労働時間規制を適用除外することによって、どのような問題が生じるかを野党議員が追及した場面を取りあげた。

同年三月二日の参議院予算委員会で、小池晃議員（日本共産党）が、月に四日間さえ休ませれば、残りの日は連日にわたり二十四時間ずっと働かせることが法律上はできてしまうではないかと加藤大臣に問うた、その場面だ。

また、同年六月七日の参議院厚生労働委員会において福島議員が、労働者へのヒアリングでは、高度プロフェッショナル制度が労働時間規制の適用除外であることを説明したのかと問い、山越敬一労働基準局長が「いずれにいたしましても」とその質問をかわした場面も取りあげた。そして、同年六月二十六日の参議院厚生労働委員会で、同じく福島議員が、高度プロフェッショナル制度で働く女性は、出産して子どもを持ちたいと願ってもできないのではないかと問い、本人が同意しなければ、こういった働き方にはならないと、加藤大臣が論点をそらして答えた場面も加えた。

パート5では、本書の第三章でも紹介した「全国過労死を考える家族の会」の方々による安倍首相への面会要請に関する質疑を取りあげた。

同年五月十七日の参議院厚生労働委員会で、面会要請のファクスは官邸にちゃんと送ってくれたかと問う福島議員の問いに対し、「事務的に受理をさせていただいた」とだけくり返し、官邸に送ったかどうかを何度訊かれても答えなかった原邦彰内閣審議官の答弁。

そして、同年五月二十三日の衆議院厚生労働委員会で、柚木道義議員（国民民主党）が安倍首相に家族会との面会を求めたのに対し、安倍首相が答弁に立たずに加藤大臣を答弁に立たせ、柚木議員が抗議するものの髙鳥修一厚生労働委員長がそれを無視し、柚木議員の抗議が続くなかで加藤大臣が何を言っているのか聞きとれない状態で別の話を答弁し続けた混乱の場面。そのふたつだ。

パート6では、同年六月二十八日の参議院厚生労働委員会における採決が迫るなかでの、ふたつの質疑を取りあげた。

ひとつは同年六月二十六日の参議院厚生労働委員会における石橋通宏議員（立憲民主党）

の質疑で、高度プロフェッショナル制度が労働者の要望に基づくものではなく産業競争力会議の提案に基づくものであり、したがって、立法事実がなくなり、法案は撤回すべきだと迫った場面。それに対し安倍首相は、高度プロフェッショナル制度は、適用を望まない方には適用されることはないため、このような方への影響はないと考えていると、非現実的な見解を答弁で示した。

もうひとつは、委員会採決の日である六月二十八日の参議院厚生労働委員会で、福島議員が改めて高度プロフェッショナル制度の問題点を指摘し、労働基準法を破壊する高度プロフェッショナル制度をこの厚生労働委員会で成立させようとすることに良心の呵責はないのかと問いかけた場面だ。加藤大臣は、良心という言葉に言及しながらも、今回初めて罰則付きの長時間労働の是正をおこなうのだと、平然と論点をずらした答弁をおこなった。

パート7では、この高度プロフェッショナル制度の施行時期が二〇一九年四月であることを私が紹介し、職場の労働者がこの法改正の内容を学び、話し合い、対策をとってほしいと呼びかけて番組を閉じている。

ここで取りあげた十二の審議映像の一部は、二〇一八年六月十五日の新橋SL広場での初めての街頭上映で取りあげたものだ。そのあとで重要な場面をさらに追加して、前述のような話の流れを作り、同年七月一日に番組の収録をおこなった。しかしながら、その半月の期間にこの構成を一から考えたわけではない。

高度プロフェッショナル制度については、二〇一四年に産業競争力会議で検討されている段階から、私はその論点をウェブ記事に取りあげている。[*1] 日本労働弁護団や全労連なども継続的に問題に注視し、集会を開いたり、見解を発表したり、関係者がツイッターで発信したりしていたが、私はその動きも追ってきた。二〇一七年三月の働き方改革実現会議の報告書の中身も検討し、その報告書の作成に至る半年間の会議の議事録にも目を通していた。法案作成の前段階に位置づけられる二〇一七年四月からの労働政策審議会の部会にも、たびたび傍聴に出向いていた。

そして二〇一八年一月からの第一九六回通常国会で働き方改革に関する国会審議が始まってからは、できるだけその審議内容をリアルタイムで追ってきた。第一章に示したように、裁量労働制のデータ問題に関与してからは、国会内で開催される野党合同ヒアリングにもたびたび出向き、野党議員の方々と意見交換もおこない、同年二月二十一日には衆議院予算委員会中央公聴会で公述人として意見陳述もおこなった。

そのように働き方改革関連法案については、長い期間にわたる知見の蓄積があり、国会審議も随時追っていたからこそ、そこから重要な論点を取り出し、それらの論点に関わる重要な国会質疑の場面を切り出してくることができたのだ。

同じことを他の重要テーマについて、たとえばカジノ問題について、あるいは幼児教育・保育の無償化について、あるいは憲法改正問題についてできるかと問われれば、知見の蓄積がなく、無理なのだ。

専門知識を持つゲスト解説者の協力

けれども、せっかく国会パブリックビューイングという取り組みが新聞でも取りあげられるようになり、注目されてきていたので、新たに国会で審議されるテーマにも取り組んでみたいという気持ちは、私にもあった。そこで「緊急街頭上映」と題して、現在進行形の国会審議を扱うことになり、選んだのが、二〇一八年十月からの第一九七回臨時国会の重要法案のひとつであった入管法改正だ。

これは外国人労働者の受け入れ拡大のために、「特定技能」1号・2号という新たな在留資格を設けるために入管法（出入国管理及び難民認定法）を改正するものであり、法務委員会で審議された。私がそれまで見ていたのは、予算委員会や厚生労働委員会で、法務委員会は馴染《なじ》みがなかったが、話題としては外国人労働者をめぐる問題であり、ある程度の知識はあった。

これまで日本は、中国やベトナムなどから外国人を技能実習制度で受け入れていた。とはいうものの、技能実習生という名目であるにもかかわらず、実際には安価な労働力としての外国人の活用であって、縫製《ほうせい》や建設、農作業などの仕事に従事させるなかで、最低賃金を下まわる違法な低賃金や残業代不払い、パワハラやセクハラ、逃亡を防ぐためのパスポートの取りあげ、劣悪な住居の提供とそれに見合わない家賃の請求など、さまざまな問題が起きていることを知っていた。

審議されていた法改正は、この技能実習制度のもとで仕事に従事した者をそのまま「特定技能1号」という在留資格に移行させ、継続的に日本で働いてもらうことを可能とするもので、単純労働（非熟練労働）には外国人労働者を受け入れないとしてきた政府の従来の方針を大きく転換するものととらえられていた。

この問題について、ある程度の知識はあると書いた。しかし、街頭で国会審議の内容を解説し、それを録画してネット公開できるほどの知識はない。そこで新たに、街頭における国会パブリックビューイングに、ゲスト解説者を迎えることにした。全労連の雇用・労働法制局長の伊藤圭一さんだ。

全労連は労働組合のナショナルセンターのひとつ。伊藤さんはその団体の専従職員で、雇用・労働法制の動きをずっと追ってこられていた。派遣法や労働基準法の改正、解雇規制の緩和などによって、労働法の規制を弱め、労働者の発言力を弱めようとする方向での法改正が着々と狙われている、そのような大きな流れを注視し続けてこられた方だ。国会に法案が提出される前の労働政策審議会での議論や、さらにその前のテーマ別検討会の議論の段階から傍聴し、論点整理をおこない、議員に要請行動をおこない、国会審議中は議員会館前で集会を開いて国会審議の情勢報告をおこない、街頭や国会前などの抗議行動でスピーチをおこない、日本労働弁護団や専門家などとも連携するなど、労働法制をめぐるさまざまな検討プロセスの全般に関わってこられた。

伊藤さんとは、二〇一七年三月の職業安定法改正案の国会審議で、参考人意見陳述を依頼されたときに出会った。私の著書『呪いの言葉の解きかた』（晶文社）にその出会いのエピソードを記したが、労働法制に詳しいことに加え、サポート力に優れた方であり、私は働き方改革関連法案の論点や国会審議の状況についても、折に触れて伊藤さんと意見交換を重ねてきていた。

そこで、入管法改正の国会審議については、注目場面の切り出しを私が指定し、話の流れも構成したうえで、街頭では、私は司会進行と簡略な解説だけを担い、より踏み込んだ解説はゲスト解説者として伊藤さんに担っていただこうと考えたのだ。

伊藤さんには快諾していただき、二〇一八年の十一月八日（有楽町マリオン付近）、十一月十三日（新宿西口地下広場）、十一月十五日（渋谷ハチ公前広場）、十一月十六日（有楽町イトシア前）、十一月十八日（新宿駅南口）と、短期間に五回にわたり、入管法改正に関する法務委員会の国会審議を、内容を随時入れ替えつつ、街頭で紹介することができた。

このうち十一月十三日と十一月十八日には、日本労働弁護団の中村優介弁護士にもゲスト解説に加わっていただいた。中村弁護士は、二〇一八年六月十五日の最初の新橋ＳＬ広場の街頭上映のさいに、不測の事態に備えて待機をお願いした方で、国会パブリックビューイングの取り組みに継続的に関心を寄せてくださっていた。

さらに十一月十六日に有楽町イトシア前で街頭上映をおこなったさいには、伊藤さんの紹介により、東京にいらしていた愛労連（愛知県労働組合総連合）の議長の榑松《くれまつ》佐一《さいち》さんにも

数日前の国会審議を、緊急街頭上映として取りあげる。外国人労働者受け入れ拡大が、現在進行中の話題だったため、立ちどまる人も多かった。新宿駅南口。2018年11月18日。

参加いただき、ベトナム人の技能実習生からパワハラの相談を受けたさいの音声も交えて現場の問題を語っていただいた。

ニュースで報じられている現在進行形の話題である入管法改正の国会審議を取りあげていたため、街行く人の関心も高かった。この十一月十六日の有楽町における街頭上映は、六十五分ほどの時間をとって実施したものだが、多くの人に足をとめていただくことができた。[*2]

十一月十八日の新宿駅南口の緊急街頭上映は、伊藤さんと中村弁護士のふたりにゲスト解説をお願いした。寒いなかであったが、パワーポイント資料による解説も含めて、一時間三十分近くにわたって実施した。[*3]

緊急街頭上映という新たな試み

この入管法改正に関する緊急街頭上映と、二〇一九年一月以降の統計不正問題に関する緊急街頭上映は、二〇一八年七月以降の『第1話　働き方改革――高プロ危険編』の街頭上映とは、かなり異なっていた。

まず第一に、国会で審議中の問題を取りあげたこと。働き方改革関連法案の場合は、参議院厚生労働委員会での採決が二〇一八年六月二十八日、参議院本会議での可決・成立が六月二十九日であり、六月十五日に初めて新橋SL広場で街頭上映をおこなったさいは国会審議中であったものの、番組を制作してそれを上映した七月九日以降は、法案の可決・成立後だった。法律の施行が二〇一九年四月以降であるため、法律の成立後であっても国会審議を振り返って問題を周知することには意味があると考えていたが、国会審議をリアルタイムで追いかけて街頭上映に反映させたわけではない。

それに対して、この入管法改正と後述する統計不正問題に関する緊急街頭上映は、現在進行形の国会審議の論点を、その都度《つど》リアルタイムで取りあげたものだった。

とはいえ、ある日の国会の様子をその日の夜に緊急街頭上映することは、私たちの体制では無理だった。それでも、ある日の国会審議をその数日後の街頭上映で取りあげるようにして、できるだけ即時性を大事にした。

第二に、スクリーンの脇に私やゲスト解説者が立ったこと。解説付きの番組を制作するための時間的・人的な余裕がないため、街頭上映の場でのライブ解説をおこなったわけだが、司会者と解説者がスクリーン脇に立ったことによって人が立ちどまらなくなるということはなかった。それよりも、いま国会で審議されている入管法改正や統計不正の問題が、タイムリーに街頭で取りあげられていたからか、関心を持って人が集まってくれた。

第三に、ゲスト解説者に解説の多くを委ねたこと。私があまり詳しくない問題も、ゲスト解説者の協力を得ることで、取りあげることが可能となった。

ただし、この方式をとれば、国会の重要テーマをどんなことでも取りあげられるかと問われれば、そうではない。街頭上映の準備段階ではゲスト解説者は関与しておらず、私が国会審議映像の切り出し指定と街頭上映の内容構成をおこなっていたため、やはり私にある程度の知見があるテーマしか取りあげることはできなかった。

また、入管法改正と統計不正問題でゲスト解説をしていただいた伊藤さん、入管法改正のゲスト解説に来ていただいた中村弁護士、統計不正問題のゲスト解説に来ていただいた明石順平弁護士には、それぞれ無報酬で解説を引き受けていただいていた。それが可能であったのは、その前から私が彼らと交流があり、お願いすれば引き受けていただける関係性があったからだ。

さらに、ゲスト解説の方々とは、当日、現場で開始前に短時間打ち合わせするだけで街頭上映をおこなった。ある国会審議の場面を私が取りあげ、それについての解説を、その場でゲストの方にマイクを渡して、臨機応変におこなっていただく。そういったことが可能であったのは、論点に関して私と彼らのあいだに共通する理解があり、おたがいが話す内容について齟齬《そご》をきたすことがないという信頼関係があったからだ。

第四に、入管法改正や統計不正問題に関する緊急街頭上映では、国会審議映像だけでなく、パワーポイントで作成したスライドもスクリーンに投影した。街頭で見てもらう国会審議映像の要点は何かをあらかじめ箇条書きで示してから、映像を見てもらうことが可能となった。また、技能実習制度と「特定技能」という新たな在留資格はどのように制度として接続するのか、技能実習制度と「特定技能」による外国人労働者の受け入れでは、受け入れのシステムがどのように異なるのかなどを図解して示すことによって、ゲストの方にそれを用いて解説していただくことも可能になった。

第五に、入管法改正や統計不正問題に関する緊急街頭上映の映像は、第1話や第2話の番組を制作した横川圭希さんではなく、メンバーで生協労連の専従職員である真壁隆さんに作成してもらった。ある日の国会審議の要点を、数日後の緊急街頭上映で字幕付きで、パワーポイント・スライドも活用しながら上映する。その準備は、私と真壁さんのふたりで進め、技術的なことはすべて真壁さんが担ってくれた。なかなかに大変な作業だった。具体的にどう進めたのか、以下に紹介したい。

現在進行形の国会審議を上映するには

入管法改正に関する緊急街頭上映の内容をどうやって作成したか、前述の十一月十八日の新宿駅南口の場合を例にとって説明しよう。このときは、次の八つの国会審議の場面を取りあげた。

緊急街頭上映・入管法改定　二〇一八年十一月十八日　新宿駅南口
（ゲスト解説：伊藤圭一・中村優介）

1　二〇一八年十一月一日　衆議院予算委員会　新たな在留資格の受け入れ人数は？（長妻昭議員VS山下貴司《たかし》法相）

2　二〇一八年十一月五日　参議院予算委員会　「相当程度の技能」とは？（蓮舫《れんほう》議員VS山下法相、石井啓一《けいいち》国交相）

3　二〇一八年十一月七日　参議院予算委員会　雇用の調整弁か？（小池晃議員VS山下法相・安倍首相）

4　二〇一八年十一月十五日　参議院法務委員会　基準が決まっていないのになぜ見込み数が算定できるのか？（小川敏夫《としお》議員VS和田雅樹《まさき》入国管理局長・山下法相）

5　二〇一八年十一月十四日　参議院法務委員会　「法的には上限はない」（小川議員V

S山下法相・和田入国管理局長）

6 二〇一八年十一月一日　衆議院予算委員会　技能実習制度：失踪《しっそう》者の増加と背景（長妻議員VS山下法相）

7 二〇一八年十一月七日　参議院予算委員会　より高い賃金を求めて？（小池議員VS安倍首相・山下法相、根本匠《たくみ》厚労相・坂口卓《たかし》労働基準局長）

8 二〇一五年八月二十八日　衆議院法務委員会　より高い賃金を求めて？（重徳《しげとく》和彦議員VS上川《かみかわ》陽子法務大臣）

内容的には大きくふたつのテーマに分かれる。前半の1〜5では、新たな在留資格である「特定技能」について、どのような技能レベルの労働者をどのような仕事に向けて受け入れるのか、それぞれ何人程度受け入れる予定なのか、雇用の調整弁として位置づけるつもりなのか、といった問題を取りあげた。

「特定技能1号」の外国人労働者には、「相当程度の知識又は経験を必要とする技能が求められる」としながらも、その「相当程度」のレベルを問われると、「監督者の指示を理解し的確に業務を遂行することができる、みずからの判断により業務を遂行することができる能力」というのが山下貴司法務大臣の答弁であり、単純労働（非熟練労働）の外国人労働者を受け入れないという従来の政府方針を変更したわけではないと装うために、無理な答弁をくり返していることに焦点を当てた。

現行の技能実習制度と新たな在留資格

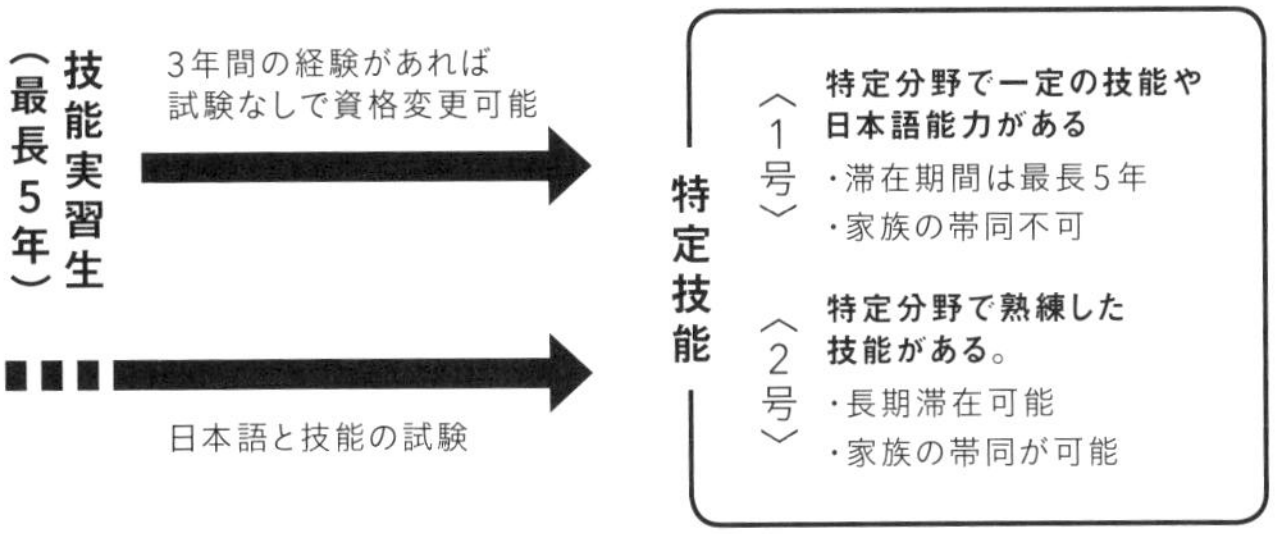

現行の技能実習制度

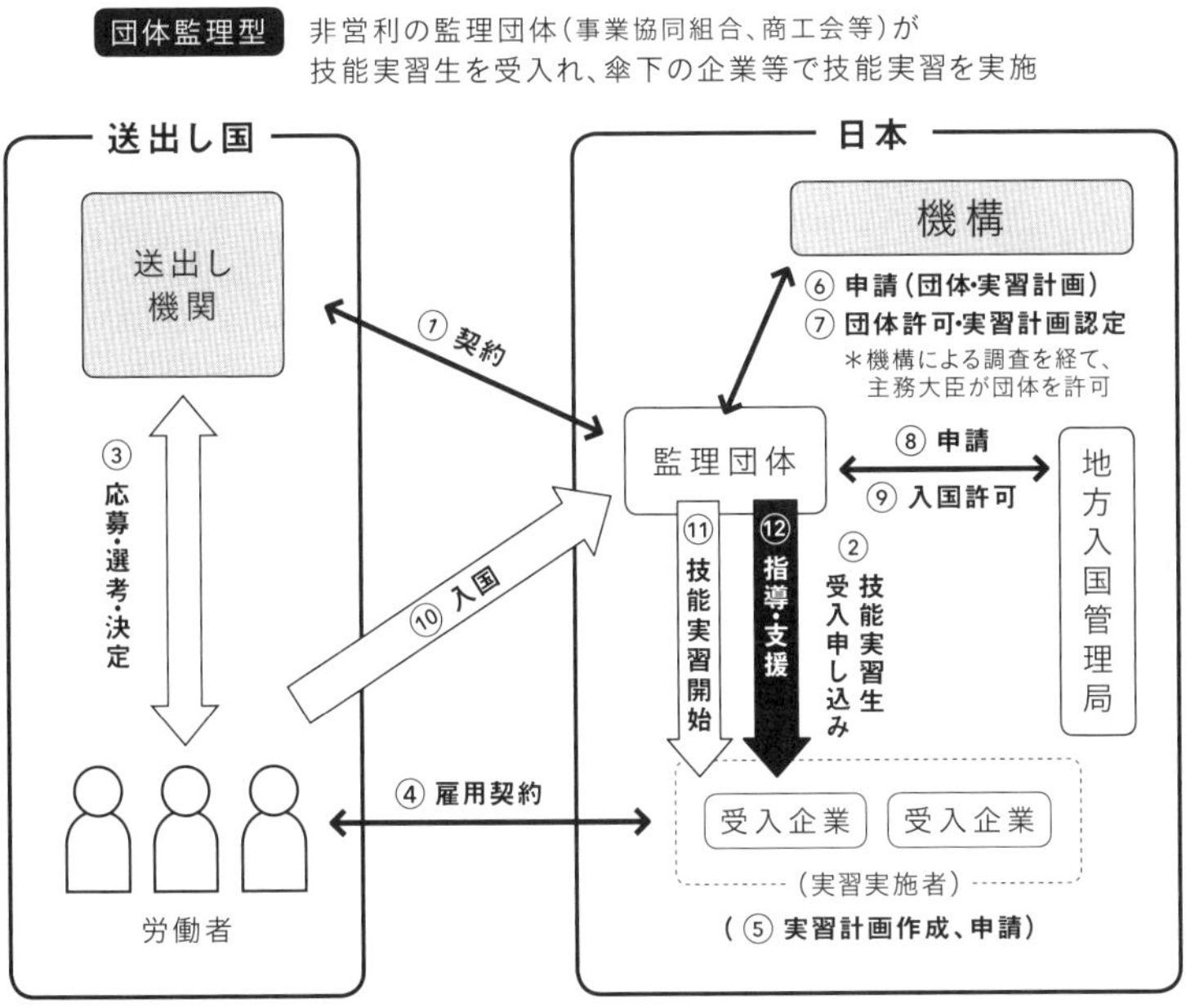

入管法改正の緊急街頭上映で用いたパワーポイントのスライド。図表上は、朝日新聞の記事「外国人労働者に新たな在留資格　単純労働対象に大転換」（2018年10月12日）のグラフィックを参考に筆者作成（収載にあたり、一部修正）。図表下は、厚生労働省ホームページの「外国人技能実習制度について」による（2018年11月時点の情報）。

後半の6と7では、技能実習生の失踪の背景に劣悪処遇があることを取りあげた。長妻議員（立憲民主党）が十一月一日に、技能実習生の失踪者が急増していることを指摘。それを踏まえて小池議員（日本共産党）が十一月七日に、失踪理由について、これまでの政府の説明は誤っていたことを指摘したのだ。

二〇一五年に上川陽子法務大臣は重徳和彦議員（維新の党）に対して、「技能実習に対してそもそも意欲が大変低いというようなケースもある」「より高い賃金を求めて失踪している」などと答弁していたが、それは実態に即しておらず、失踪の原因が一方的に技能実習生の側にあるかのように印象づける答弁だったことが、この二〇一八年十一月七日の予算委員会の質疑で明らかになる。

その日の質疑でも山下大臣は小池議員に対して、「より高い賃金を求めて失踪する者が約八十七パーセント」と答弁したが、失踪者に対する聴取票には、実際にはそのような項目はないことを小池議員は指摘した。実際は、聴取項目のうち「低賃金」「低賃金（契約賃金以下）」「低賃金（最低賃金以下）」の三項目の結果を合わせたものを、これまでは「より高い賃金を求めて」と恣意的《しいてき》に表現を変えて答弁していたことを、小池議員は山下大臣に認めさせたのだ。

このふたつのテーマを大きな柱にしようと決めて、取りあげる国会審議映像を選んだ。入管法改正の緊急街頭上映は十一月八日からおこなっているので、十一月一日や十一月五日の国会審議映像はそのころから準備していたものだが、その後の審議状況を見ながら新たに加

実習実施者等から失踪した技能実習生に係る聴取票

◇容疑者について

事件番号 ＿＿＿＿＿＿＿＿号
案件区分 □摘発 □出頭申請 □身柄引取 □その他
適条 ①法24-＿＿＿＿ ②法24-＿＿＿＿
国籍・地域 □中国 □ベトナム □インドネシア □フィリピン □タイ □その他（　　　）
性別 □男 □女
最終在留資格 □技能実習1号 □技能実習2号 □技能実習3号
□研修 □特定活動（建設・造船・その他） □旧技能実習1号 □旧技能実習2号
※特定活動の「その他」は、旧制度における技能実習生 職種名＿＿＿＿＿＿

◇失踪動機について

原因・理由・目的等 □低賃金 □低賃金（契約賃金以下） □低賃金（最低賃金以下） □労働時間が長い
※複数回答可 □暴力を受けた □帰国を強制された □保証金、渡航費用の回収
□実習終了後も稼働したい □指導が厳しい □その他（　　　）
入国後、失踪するまでの期間＿＿＿＿＿＿

◇送出し機関について

送出し機関を知った経緯 □親族・知人紹介 □広告・インターネット □ブローカー □その他（　　　）
送出し機関に払った金額 ＿＿＿＿円（帰国後の返金が有る場合は、誰に＿＿＿＿いくら＿＿＿＿）
内訳 □渡航旅費（　　　円） □旅券・査証費用（　　　円）
□寮費・光熱費（　　　円） □日本語講習費（　か月間・　　　円）
□送出手数料（　　　円） □その他（名目　　　／　　　円）
送出し機関以外に払った金額 ＿＿＿＿円 内訳＿＿＿＿＿＿
資金の調達方法 □借入（借入先 □親族 □銀行 □送出機関 □その他（　　　）／借入額（＿＿＿＿円）
□自己資金 □その他（　　　）
借入金の返済方法・担保の有無 □帰国後返済（□一括 □分割（分割返済額 月＿＿＿＿円））
□実習期間中から返済（□一括 □分割（分割返済額 月　　　円））
担保・保証人＿＿＿＿＿＿

◇実習実施者等について

実習内容 ＿＿＿＿＿＿ 入国前の説明 □同じ □異なる □説明なし
月額給与 ＿＿＿＿円／月
入国前の説明 □説明あり ＿＿＿＿円／月 説明者＿＿＿＿□説明なし
給与から控除される金額（光熱費等） ＿＿＿＿円／月
入国前の説明 □説明あり ＿＿＿＿円／月 説明者＿＿＿＿□説明なし
労働時間 ＿＿＿＿時間／週
入国前の説明 □説明あり ＿＿＿＿時間／週 説明者＿＿＿＿□説明なし

◇就労について ※違反調査実施時は無職でも失踪後に就労事実があれば直近の就労先を記載してください。

就労の有無 □あり □なし
就労場所 ＿＿＿＿＿＿ □不定 □不明
就労内容 □建設作業員 □解体作業員 □工員 □農林業従事者 □ホステス等接客業 □その他（　）
報酬（日額換算） □5千円以下 □7千円以下 □1万円以下 □1万円以上
失踪後の住居＿＿＿＿＿＿□不定

◇就労先を斡旋した者について

斡旋者の有無 □あり □なし 国籍・地域 □同国人 □日本人 □その他（　　　人）
氏名（性別）＿＿＿＿＿＿（□男 □女） 年齢＿＿＿＿
在留カード番号＿＿＿＿＿＿□不明
接触時期 □失踪前 □失踪後 □失踪前後両方 接触回数＿＿＿＿回
斡旋者との関係 □知人（同僚含む） □インターネット（SNS等） □親族 □その他
斡旋手数料＿＿＿＿＿＿円 斡旋者の働き掛け内容＿＿＿＿＿＿

◇特記事項等（※雇用主からの失踪実習生の紹介者について聴取した場合は、人定等を記載）

＿＿＿＿＿＿＿＿＿＿＿＿＿＿＿＿＿＿＿＿

＿＿＿＿＿＿＿＿＿＿＿＿＿＿＿＿＿＿＿＿

野党合同ヒアリングに参加して入手したもの。

えたものもある。二〇一五年の上川大臣の答弁映像も、二〇一八年十一月七日の山下大臣の答弁との比較のために新たに加えたものだ。

私は大学の教員、真壁さんは労働組合の職員であって、それぞれ本業は別にあり、国会パブリックビューイングはあくまで任意の活動なので、朝から夕方までおこなわれる国会審議をずっと追い続けることは、どちらにとっても不可能だ。そこで大手の新聞や「しんぶん赤旗」の記事、政治関係・国会関係の情報を発信しているツイッターのアカウントなどから、国会審議の動向や注目すべきやりとりをつかんだ。どの日に、誰が、何時から質疑に立つかは、日本共産党の議員のツイッターのアカウントや「立憲民主党（りっけん）国会情報」のアカウント（@cdp_kokkai）が発信してくれていたので、時間が合えばインターネット審議中継をリアルタイムで直接確認することもあった。そうやって注目の質疑を見つけ、街頭上映で紹介できる三、四分程度の場面を私が絞り込んだ。

そうして切り出す映像が決まると、「この日の参議院法務委員会のインターネット審議中継の録画の何分何秒から何分何秒まで」といったかたちで、秒数まで指定して私が真壁さんに依頼し、その映像をダウンロードして切り出してもらい、字幕を付けてもらった。

同時並行で私は、その国会審議映像を補うためのスライドをパワーポイントで作った。失踪した技能実習生に対する聴取票には、失踪の原因・理由・目的等を確認する欄に、たしかに「より高い賃金を求めて」などという項目はないことも、野党合同ヒアリングに参加して入手した実際の聴取票のフォーマットの写真で示した。

そうやって二十五枚程度のパワーポイントのスライドを作成したものを真壁さんに送り、私が指定したパワーポイントのページに、真壁さんが切り出した映像ファイルを貼り付けてもらった。これで投影資料は完成。街頭上映時には、パワーポイントのスライドを手元のリモコンで切り替えながら、上映と解説をおこなった。

ゲスト解説を依頼した伊藤さんと中村弁護士には、進行案を記した資料を送っておいた。あとは街頭上映の場で、国会審議映像を見ていただいて、アドリブで解説をいただいた。

こういった準備が終わるのは、たいていは街頭上映の前日の深夜。そうして、当日のメンバーそれぞれの通常の仕事のあとで、夕方から街頭上映を始めるわけだ。

街頭上映の日程は、メンバーが四、五人集まることができる日で決める。夕方でないと布製のスクリーンに映像は映らないし、昼間はメンバーにはそれぞれの仕事がある。集まったメンバーで倉庫から機材を運び、組み立て、上映を開始する。現地ではボランティアで協力してくれる人もおり、スクリーンが強風で倒れないように背後で支えていただいたり、メンバーの荷物番をしていただいたりした。

街頭上映の実施中、真壁さんはスクリーンに向かってパソコンとプロジェクターの近くにしゃがみ、投影状況を見守るとともに、三脚に立てたビデオカメラで街頭上映の映像を収録し、ユーチューブで中継した。街頭上映の場所に出向けない人も見られるようにするためだ。ときおり、その場を離れて、集まった人々の様子をカメラに収めた。

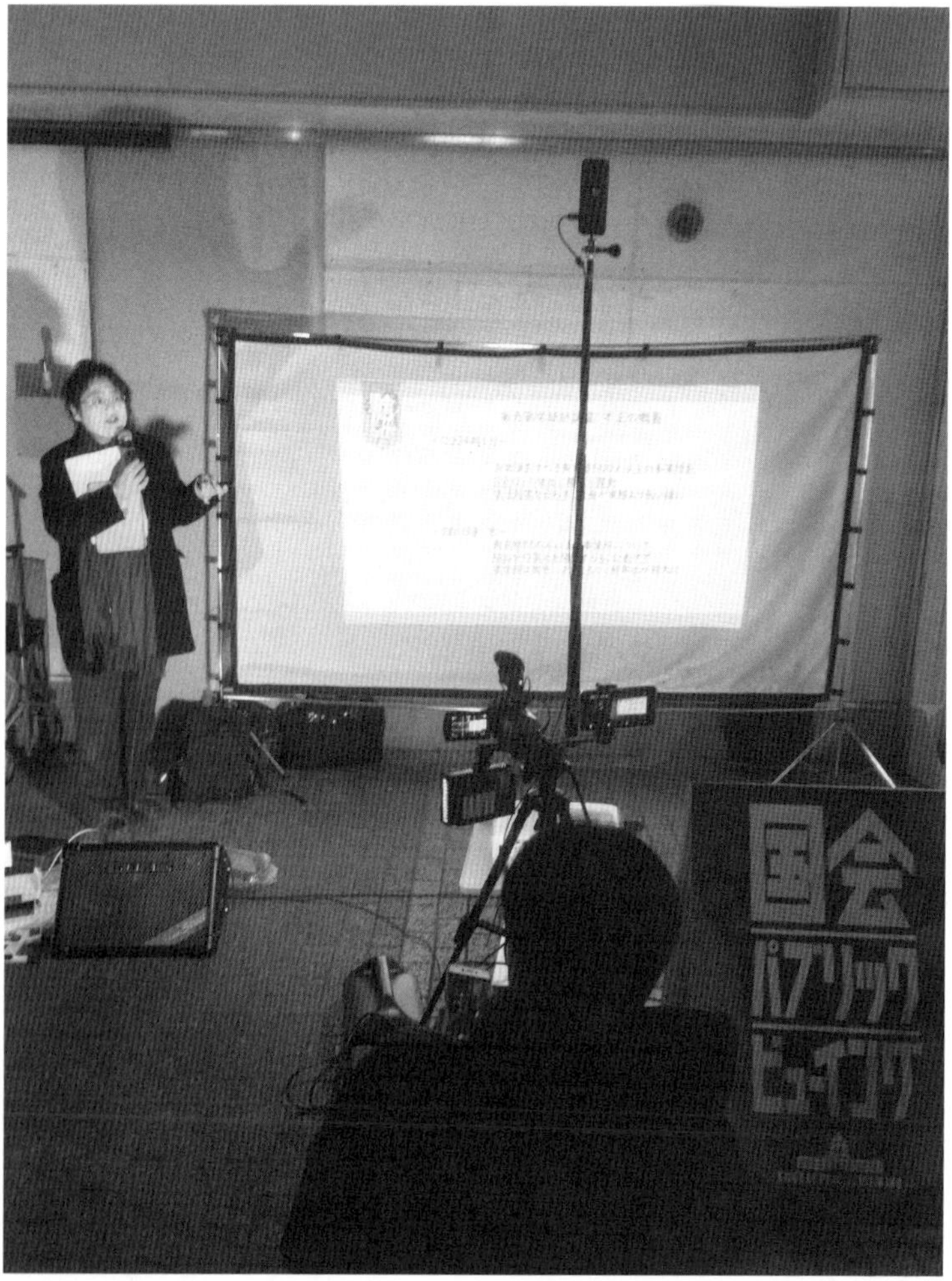

パワーポイントのスライドも用いながらおこなった、毎月勤労統計不正調査問題に関する緊急街頭上映。映像をうつしだすプロジェクターの後ろにビデオカメラを設置して、同時にライブ配信も実施した。有楽町駅中央ガード下。2019 年 1 月 29 日。

さらに上映終了後には、真壁さんは自宅で改めてその映像を編集して、国会パブリックビューイングのユーチューブチャンネルにあげていた。街頭上映のさいには、真壁さんによって司会と解説に使うマイクに輪ゴムでICレコーダーが括《くく》り付けられているのだが、そこで拾った音声へと録画の音声から切り替え、さらに国会審議中継の映像についても、スクリーンに映しだされた映像からもとの国会審議映像へと差し替えた手の込んだ編集済バージョンが、その日の夜や翌日に、国会パブリックビューイングのチャンネルにアップされた。そんなふうに、真壁さんはひとつの緊急街頭上映ごとに、準備段階の編集から当日の上映、そして後日の映像記録の公開まで、技術的なことを一手に引き受けて、多才ぶりを示したのだった。

私と真壁さんとは、二〇一八年六月十五日の新橋SL広場での最初の国会審議中継を企画していた段階で、ツイッターのグループDMを通じて初めて話をし、その後、新橋で顔を合わせて挨拶した。けれども、あとから調べてみたら、AEQUITAS（エキタス）主催の同年二月二十五日と三月十七日の新宿における街頭行動のときも、五月二十三日と六月二十六日の国会前抗議行動のときも、働き方改革関連法案に関連して私がスピーチをおこなった映像を録画して、みずからのチャンネルで公開していたのは、真壁さんだった。

真壁さんのユーチューブチャンネル[*4]には、市民運動や労働運動の膨大な記録が公開されている。いずれも真壁さんが現地に出向いて、ビデオカメラに収め続けてきたものだ。そんな真壁さんの実力がいかんなく発揮されたのが、二〇一八年十一月からの国会パブリックビューイングの緊急街頭上映の取り組みだった。

ここまで、現在進行形の国会審議中継を、緊急街頭上映として国会パブリックビューイングで取りあげた様子を紹介してきた。番組の編集や報道の専門スタッフがそろっているテレビやラジオに比べれば、とても制約が大きいなかでの準備と実施であることがわかっていただけるだろうか。なので、そうそう頻繁《ひんぱん》に実施はできない。テーマも、対応可能な限られたものしか取りあげられない。

その代わり、テレビやラジオにゲストとして招かれる場合とは異なり、自分が取りあげたいテーマを、取りあげたい切り口で扱うことができる。時間枠も気にしなくてよいので、八十分であれ九十分であれ、好きなだけ実施できる。野外なので、夏は蒸し暑かったり、冬は寒かったりという事情はあり、雨はだいじょうぶだろうか、風はだいじょうぶだろうかと天候を気にする必要もあるのだが。

国会パブリックビューイングの立ちあげのころ、「ゴーストバスターズみたいだね」とメンバーで話したことがあった。ゴースト退治の機材を担いでノリノリで出かけていくゴーストバスターズ。私たちもそれに似たノリで、「次はいつ、どこでやろう?」と街頭上映を続けたのだった。

第　五　章

野党議員による質疑の役割

答弁を引き出すための質疑

国会パブリックビューイングの活動を続けていくと、ひとりひとりの野党議員がだんだん個人として浮かびあがってくる。言葉遣い、声の抑揚、持ち時間のなかでの問題への切り込み方――それぞれに個性があり、役割分担もあるように見える。

「野党は反対ばかり」「野党はだらしない」「野党はパフォーマンスばかり」などとよく言われるが、それは実際の国会審議を見ていない人が言っているか、もしくは実際の国会審議に目を向けさせないためにあえて誤った印象を与えようとしているか、どちらかだと思う。実際には、ひとりひとりの野党議員が、限られた持ち時間[*1]のなかで、法案の問題点を追及したり、新たな立法課題を提示したり、行政の問題点を指摘したり、大きな政治の方向性を問うたり、さまざまなかたちで国の政治をよりよくするための質疑を準備し、展開している。

たとえば、第三章で紹介した二〇一八年一月二十九日の衆議院予算委員会における立憲民主党の長妻昭議員の質疑。『第1話　働き方改革――高プロ危険編』で切り出して紹介したこの場面は、労働法制を岩盤規制と見なして内閣総理大臣たる自分が先頭に立ってドリルで穴をあけるのだという安倍晋三首相の本音を引き出した質疑であったが、同時にこれは、労働法制のあり方についての、立憲民主党の見解を示している質疑とも言える。

退社してから出社するまで最低十一時間を空ける勤務間インターバル規制の導入、非正規雇用の増大を抑えるための入口規制などの規制強化、職業訓練やリカレント教育（社会人の再教育）の充実、そういったものこそ必要なのだと列挙し、労働法制については、規制を強めるべきところは強めることこそが大切であると主張した質疑だった。

このように、みずからの見解を示すことに重点が置かれた質疑がある一方で、答弁を引き出すことに重点を置いた質疑もある。たとえば、その二日後の一月三十一日の参議院予算委員会における浜野喜史議員（民進党）の質疑。これも『第1話　働き方改革――高プロ危険編』で四番目の国会審議映像として切り出して紹介しているので、映像でも確認していただきたいが、先の長妻議員の質疑が主張を前面に押し出したものであるのに対し、この浜野議員の質疑は発言内容も少なく淡々としており、一見したところでは「見どころ」がある場面のようには見えない。けれども、後々重要になっていく答弁を引き出した質疑だった。

ここで浜野議員は、働き方改革関連法案のなかの労働時間の規制緩和策である裁量労働制の拡大と高度プロフェッショナル制度の導入、これらのふたつの制度について、労働者側からの要請があったのかと問うた。加藤勝信厚生労働大臣は、それぞれについて、働く方の声を自分自身で聞いたかのような答弁をおこなったため、浜野議員は、その記録の有無を三度にわたってくり返して尋ねている。浜野議員の尋ね方と、それに対する加藤大臣の答え方に注目して見ていただきたい。以下は、ふたつの制度のうち、高度プロフェッショナル制度に関するやりとりの部分だ。会議録では削除されている語り口も、あえて残してみた。

加藤厚労相　また、高度で専門的な職種、これはまだ、制度ございませんけれども、私もなん……いろいろお話を聞くなかで、その方は、自分はプロフェッショナルとして自分のペースで仕事をしていきたいんだと、そういったぜひ働き方をつくってほしいと、こういうご要望をいただきました。

たとえば、研究職のなかには、一日四時間から五時間の研究を十日間やるよりは、たとえば二日間集中した方が、非常に効率的にものが取り組める、こういった声を把握していたところでありまして、そうした、まさに働く方、そうした自分の状況に応じて、あるいは自分のやり方で働きたい、こういったことに対応する意味において、これ全員にこの働き方を強制するわけではなくて、そういう希望をする方にそうした働き方ができる、まさに多様な働き方が選択できる、こういうことで今、議論を進めているところであります。

浜野議員　ご説明いただきましたけれども、現・裁量労働制対象の方々からも意見があったと。そして、新設される高度プロフェッショナル制度につきましても、ご意見があったということですけれども、そういう意見があったというような記録ですね、これは残っているんでしょうか。ご説明願います。

加藤厚労相　いま、私がそうしたところへ、向か……あの、企業等を訪問したなかでお聞かせいただいた、そうした意見、あの、声でございます。

浜野議員　その記録はですね、残っているんでしょうか。

加藤厚労相　そこでは、その思うことを自由に言ってほしいということでお聞かせいただいたお話でございますから、記録を残す、あるいは公表するということを前提にお話をされたものではございません。

浜野議員　私は厚労大臣を疑うわけじゃありませんけれども、記録ないわけですね。もう一度、確認させてください。

加藤厚労相　公表するという意味でお聞かせをいただいたわけではありませんが、ただ、やはりそうしたフランクな話を聞かせていただくということは、私は大事なことではないかと思います。

浜野議員　そういうふうにおっしゃいましたけれども、記録はないということでございました。

「私は厚労大臣を疑うわけじゃありませんけれども、記録ないわけですね。もう一度、確認させてください」という訊き方が秀逸だ。そこまで言われても、加藤大臣は、記録があるかないかを答えることを回避している。そして、公表することを前提に話を聞いたわけではないと語ることによって、質問に答えたようなフリを続けた。記録があるかと三度尋ねられたのに、その問いに答えない。なにかおかしいぞということが、これらのやりとりを通じて、浮かびあがってくる。ここで浜野議員が三度も尋ねてくれなかったら、そのような疑問はおそらく浮かびあがってはこなかっただろう。

この一見したところ地味な、けれども重要な質疑のあと、国会では、高度プロフェッショナル制度について、働く人の声を聞き取ったというのなら、その記録を開示せよという追及が続いていった。そうして、実際の記録を提出させ、それらがいつ聞き取ったものなのか、誰が、どのようにして聞き取ったものなのかを追及していくなかで、高度プロフェッショナル制度の創設が労働者のニーズに基づくものであるかのような加藤大臣の答弁が、くつがえされていったのだ。

第一章で紹介した同年六月七日の参議院厚生労働委員会における福島みずほ議員（社会民主党）の質疑は、ヒアリング対象者に高度プロフェッショナル制度が労働時間規制を適用除外するものであることを説明したのかを問うた質疑であったが、それもこの一連の追及のなかに位置づけられる質疑だった。その様子は、『第1話』の七番目の国会審議映像で確認できる。

その翌日の六月八日に、私はウェブ記事[*2]で、上記の一月三十一日の浜野議員に対する加藤大臣の答弁が虚偽答弁だったと指摘している。前述の答弁では、あたかも研究職の方の声を自分が直接聞き取ったかのように加藤大臣は語っていたが、研究職の方へのヒアリングは二〇一五年三月におこなわれていたことが、このときまでの質疑で判明したからだ。ヒアリングについての質疑を追っているなかで、私ははたと、一月三十一日の加藤大臣の答弁を思い出して、そこにはあたかも自分が話を聞き取ったかのように思わせるごまかしがあったことに気づいたのだ。

六月十日に、私は改めてウェブ記事で[*3]、一月三十一日の加藤大臣の虚偽答弁ぶりを指摘した。それらの記事の内容も踏まえて、六月十二日の参議院厚生労働委員会で、福島議員が、一月三十一日の加藤大臣の答弁を虚偽答弁であると指摘。そこで加藤大臣は、「どこが虚偽答弁なんですか」と開き直ったうえで、

> ここで申しあげるのは、「要望をいただきました」と一回切れて、「たとえば」というのは、「研究職のなかには」という意味で「たとえば」と申しあげているので、しかも、声を把握、把握していると言っているじゃないですか、聞いてきているなんて言っていないじゃないですか。
>
> （傍点引用者）

と答えた。その様子は、『第1話』の五番目の国会審議映像で確認できる。

加藤大臣は、「一回切れて」と語っているが、「その方は」と話したあとで、「そういったぜひ働き方をつくってほしいと、こういうご要望をいただきました。たとえば、研究職のなかには……」と続いており、ひとつながりの聞き取り内容を紹介していたようにしか聞こえない答弁だ。加藤大臣の言い訳には、明らかに無理がある。

二日後の六月十四日の参議院厚生労働委員会で、福島議員がもう一度この問題を取りあげると、加藤大臣は、

これ、しかも、見ていただくと、次、改行になっているんですよね、この文章。

と答えている。「改行」とは、「たとえば」の前に置かれた、会議録もしくは答弁書における改行のことだ。けれども、国会の質疑は口頭でのやりとりなのだから、答弁の言葉のなかに「改行」があるなどと指摘されても、答弁した内容が変わるわけではない。答弁の様子を映像で確認しても、「たとえば」の前に長めの間があるわけでもなく、加藤大臣は顔も上げず、答弁書に目を落としたまま、答弁を続けている。にもかかわらず、言い訳するために「改行」まで持ち出すところに、野党議員を騙そうとした策略がばれてしまったなかでの加藤大臣の苦しい釈明ぶりが表れているように見える。

加藤大臣は、一月三十一日の答弁では、何を指すのかよくわからない「その方は」や「そういった」といった指示語を巧妙に使って、自分に都合のよい方向へと聞く者の理解を誘導しながら答弁した。その巧妙さを、私は「ご飯論法」に倣《なら》って「こそあど論法」と名づけてみた。[*4]

加藤大臣は、「その方」について言及するさい、「私もなん……いろいろお話を聞くなかで、その方は」と語っている。「その」は指示語だが、それより前に、「その方」がどの人なのか、特定できるような言及はない。にもかかわらず、「その方は」と語りだすことによって、聞く者は、いろんな人に話を聞いたうちの、ある人の声なのだろうと推測しながら聞くことになる。そのうえで、「たとえば、研究職のなかには」と続くため、「その方」とは、この研究職の人を指しているのだろうという方向へと、聞く者の理解が誘導される。そして、「その方」は「そういったぜひ働き方をつくってほしい」と語っており、この「そういった」という言葉も実際には何を指しているか不明であるのだが、聞く者は、高度プロフェッショナル制度のような働き方を希望していると話していたのだろう、と理解が誘導されていくのだ。何を指すともはっきりしない「その方」や「そういった」といった指示語で、文脈のなかで自分にとって都合のよい方向へと相手の理解を誘導していくこの手法は、意図的に考え抜かれたものだったと推測される。

話を戻そう。高度プロフェッショナル制度は働く方のニーズに基づくものではないことが、野党議員の質疑によって明らかになっていき、同年六月二十五日の参議院予算委員会における伊藤孝恵議員（国民民主党）に対する安倍首相の答弁では、同制度は産業競争力会議における経済界の意見を踏まえたものであることが明らかにされた。その様子は、『第1話』の三番目の国会審議映像で確認できる。

これは当初の政府側の説明を百八十度ひっくり返したものであり、立法事実がないことをみずから認めた答弁だったが、政府は強引に押し切って六月二十九日に本会議で法案を可決・成立させ、制度を創設した。

『第1話』の十二番目の国会審議映像に収録したように、六月二十八日の参議院厚生労働委員会で、福島議員は、次のように語った。

戦後の労働行政の、これ敗北ですよ。労働基準法の破壊ですよ。

私もそのとおりだと思う。これは敗北であるのだが、しかし、敗北であることを国会質疑によって明らかにし、それを記録に残しておくことは重要だ。今後も、労働法制はどちらの方向にも改変されうるのだから。

国会における検証に耐えうるか

さて、ヒアリングの記録があるかどうかとか、そのヒアリングを誰がいつおこなったかとか、どういう訊き方をしたかとか、そんなことを細かく訊いて意味があるのかと思う方もいるかもしれない。けれども、それは政府がおこなおうとしている法改正が、根拠を持った妥当なものであるかどうかを検証する、大事な作業なのだ。

第一章で紹介したように、働き方改革関連法案は、「労働者がそれぞれの事情に応じた多様な働き方を選択できる社会を実現する働き方改革を推進するため」として提出された。提出された法案の末尾に、「理由」として、そう示されているのだ。[*5]

そうである以上、高度プロフェッショナル制度の創設も、労働者のニーズに基づいて労働者に選択肢を提供するものであるという根拠が必要となる。その根拠が示せないならば、法改正を必要とする立法事実がないということになり、立法の根拠が崩れるのだ。

実際には、高度プロフェッショナル制度は、労働者ではなく経済界のニーズに基づくものだった。そのことは、もともと野党議員たちもわかっている。けれども政府は、それが労働者のニーズに基づくものであるかのように、ニーズをでっちあげて、ごまかし続けて、法案を通そうとした。そんなことは許されない。だからこそ、野党議員たちは追及を続けたのだ。

きちんとした根拠に基づいた、適切な内容の法改正であるのか。その法改正によって悪影響が出る恐れはないのか。悪影響が出ることに対しては、どのように防止されているのか。それらを検証するのが、法改正の審議における野党議員の質疑の役割だ。国会における検証に耐えうるものだけが、法改正に至る——本来はそうでなければならない。

強行採決ができる議席数があっても、法案提出が見送られたり、提出された法案が継続審議になったり、審議未了で廃案になったりすることがある。裁量労働制の拡大と高度プロフェッショナル制度の導入は、もともとは二〇一五年の労働基準法改正案に盛り込まれていた。このときは、法案の国会への提出はおこなわれたものの、審議はおこなわれないままとなった。野党や労働団体の反対が強かったため、審議が見送られたのだった。

だから、野党議員が国会の場で、検証できる能力を持ち、粘り強く追及を続けることには、意味があるのだ。野党議員が反対のパフォーマンスをするだけの場であれば、政府与党は安心して、問題の多い法改正案を平然と出してくるだろう。それを許さない充実した国会審議があってこそ、私たちは問題の多い法改正によるマイナスの影響から守られる。

けれども、いくら野党議員ががんばって追及していても、それを報道が取りあげず、政府側によるごまかしも報じられず、主権者である私たちもその国会審議に目を向けないならば、数の力による採決がどんどん進行してしまう。だから、国会審議にはもっと目を向ける必要があり、そこに国会パブリックビューイングの活動の意味もあるのだ。

私たちが国会に目を向けることによって、いい加減なごまかし答弁は許されないという状態にまで、正常化させていかなくてはいけない。二〇一八年の「新語・流行語大賞」を受賞した「ご飯論法」の共同受賞者である紙屋高雪氏は、次のように語ったが、まさにそのとおりで、ひとつひとつのごまかしを見逃さず、正していくことが必要なのだ。

国会の答弁というのは、民主政治の基礎になっているので、それが、フェイクが積み重ねられていっちゃうとですね、政治全体がフェイクになっちゃう、そういうふうに思います。[*6]

（「新語・流行語大賞」受賞スピーチ。二〇一八年十二月三日）

隠れた実態を明らかにする

野党議員の質疑は、隠れた実態を明らかにすることにも寄与している。たとえば、第四章で紹介した二〇一八年十一月七日の参議院予算委員会。ここで日本共産党の小池晃議員は、技能実習生の失踪理由について、「より高い賃金を求めて失踪する者が約八十七パーセント」

と答弁した山下貴司法務大臣が、調査データを恣意的にねじまげて紹介していたことを明らかにした。失踪者に対する聴取票に「より高い賃金を求めて」といった項目はなく、聴取票の「低賃金」「低賃金（契約賃金以下）」「低賃金（最低賃金以下）」の三項目の結果を合わせたものであることを、認めさせたのだ。

そのうえで小池議員は、

「より高い賃金を求めて」って、何かきれいな言い方していますけど、低賃金なんですよね。失踪者の八十七パーセントは、低賃金を理由にしていると。こんな事態を放置して受入れを拡大するのは、あまりにも無責任だと思うんですよ。大臣ね、失踪者の調査項目、これ、すべての集計結果を明らかにしていただきたい。

と、外国人労働者の受け入れ拡大について議論をする前に、技能実習生の劣悪処遇の実態をとらえることができる失踪者への聴取票のすべての集計結果の開示を求めた。

山下法務大臣は難色を示したが、野党側はその後、そろって粘り強く開示を求めていった。すると政府は十一月十六日に、計上ミスがあったとして、「より高い賃金を求めて」の割合を八十六・九パーセントから六十七・二パーセントに修正。これに納得しない野党側が聴取票の現物の開示を求めたことにより、政府側は聴取票の「閲覧」だけを認めると譲歩した。それを受けて、野党議員が手分けして、交替で、一枚ずつ聴取票の内容を書き写して、独自

法務委員長室における
聴取票（個票）コピー 閲覧

平成30年11月16日

○期間

11月19日（月）から当面の間

○時刻

・初日（11月19日）のみは持込時（昼頃※）〜19:00
※法務省からの持ち込み時間が確定次第、別途、御連絡いたします。

・その後は平日9:00〜17:00の間

○対応

・法務委理事会メンバー（委員長の特別の許可を得た代理人（原則、法務委員）も認める。）から個別に要求があった場合、委員長室を開けて、室内で当該資料を閲覧してもらう。

・その際、立会として、委員部、法務省の担当者が同室する。

・資料の持ち出し、複写、撮影等は禁止する。

○上記のほか、閲覧に際し、法務委員長があらかじめ条件を定めた場合には、これに従わなければならない。

法務委員長室における
聴取票（個票）コピー 閲覧
（11月26日（月）の対応）

平成30年11月22日
理事会決定

○時刻

・9:00〜17:00

○対応

・法務委員と法務委員長が認める衆議院議員（事前に法務委員部に連絡し、委員部から委員長に伝達）から個別に要求があった場合、委員長室を開けて、室内で当該資料を閲覧してもらう。

・その際、立会として、委員部、法務省の担当者が同室する。

・資料の持ち出し、複写、撮影等は禁止する。

・同時に閲覧できるのは、各会派の法務委員割当数と予算委員割当数を合算した人数とする。ただし、理事会派は5名とする。

○上記のほか、閲覧に際し、法務委員長があらかじめ条件を定めた場合には、これに従わなければならない。

委員部法務委員会担当（内線：33160、33161）

法務委員長室における
聴取票（個票）コピー 閲覧
（11月29日（木）以降の対応）

平成30年11月28日
18:40現在

○期間

・11月29日（木）から当面の間

○時刻

・平日9：00〜17：00の間

○対応

・法務委員と法務委員長が認める衆議院議員（事前に法務委員部に連絡し、委員部から委員長に伝達）から個別に要求があった場合、委員長室を開けて、室内で当該資料を閲覧してもらう。

・その際、立会として、委員部、法務省の担当者が同室する。

・資料の持ち出し、複写、撮影等は禁止する。

・同時に閲覧できるのは、法務委員会の理事会派は5名、その他の会派は2名とする。

○上記のほか、閲覧に際し、法務委員長があらかじめ条件を定めた場合には、これに従わなければならない。

委員部法務委員会担当（内線：33160、33161）

法務委員長室における聴取票（個票）コピーの閲覧に関して、国会議員に示された文書。閲覧できる議員に関する条件が、次第に変わってきているのが読み取れる。2018年12月18日に「立憲民主党（りっけん）国会情報」（@cdp_kokkai）がツイートした添付画像をもとに作成。

に集計した。

その結果、最低賃金以下が六十七パーセントであるなど、失踪の背景に労働基準法違反の劣悪処遇があったことを、データをもとに明らかにしていったのだ。

政府は、都合の悪いデータを隠そうとする。それを開示させて実態を明らかにし、対応すべき課題をつきつける。それは野党議員の重要な役割のひとつである。

答弁で取った言質を省令や指針に活かす

さらに野党議員の質疑には、答弁で言質を取って、その内容を法改正後の省令や指針に反映させるという役割もある。

先ほど、強い反対が見込まれる法案については、状況次第で国会審議に至らなかったり、継続審議になったり、審議未了で廃案になったりする場合があることを書いた。けれども、与野党対決法案が国会審議のなかで問題点が明らかになりながらも、結局は成立に至る場合も多い。

そういう場合、野党はなす術《すべ》がないのかというと、そうではない。法律が成立したあとに定められる省令や指針に、問題が大きくならないための歯止めや、今後の改善に向けた手がかりを盛り込むことはできる。そのためには、質疑を通して政府側から答弁を引き出して、確実に言質を取っておくことが重要になる。言質を取れば、「国会でこう答弁していた以上は」と、省令や指針にそれと整合する規定を設けることを要求することが可能になるからだ。働き方改革関連法案の多くは、衆議院で採決がおこなわれてから、参議院に送られる。では、参議院では何を審議したのかというと、ひとつには、先に見たように高度プロフェッショナル制度の立法事実に関わるヒアリングの詳細について、追及が続いた。それと同時に、高度プロフェッショナル制度が濫用されないように、いかに歯止めをかけるかに関わる質疑もおこなわれたのだった。

そのひとつの例が、二〇一八年六月五日の参議院厚生労働委員会における日本共産党の吉《き》良《ら》よし子議員の質疑だ。この質疑自体は国会パブリックビューイングで取りあげたことはないが、『第1話　働き方改革——高プロ危険編』の六番目に取りあげた同年三月二日の参議院予算委員会における小池議員の質疑を引き継いだ質疑が、六月五日におこなわれた。

高度プロフェッショナル制度は、労働基準法の労働時間規制を適用除外するものであるため、一日の労働を八時間以内に制限する規定も、それを超えた場合に労使で定めた三六《さぶろく》協定の範囲内の残業しか認めない規定も、割増賃金の規定も、休憩の規定も、関係がなくなる。新たに設けられる年百四日の休日（かつ、ひと月に四日以上の休日）を付与するという条件さえ満たせば、それ以外の日は、休憩もなく、朝から夜中までずっと継続して働かせても違法性を問われない規定になっていたのだ。国会に提出された法案の条文のかぎりでは。

だから、高度プロフェッショナル制度を対象労働者に適用した場合、月に四日間さえ休ませれば、その他の日は連日にわたり二十四時間ずっと働かせることが法律上はできてしまうではないかと、三月二日の質疑で、小池議員は問うたのだった。
『第1話』に収録した場面の直前に、小池議員と加藤大臣の間にこういうやりとりがある。

小池議員　だから、理論的に言えば、理論的に言えば、四週間で最初の四日間さえ休ませれば、あとの二十四日間は、しかも休日も時間制限もないわけだから、二十四時間ずうっと働かせる、これが、いや、論理的には、この法律の枠組みではできるようになるじゃないですか。私が言ったことが法律上、排除されていますか。（発言する者あり）

金子委員長　静粛に。

加藤厚労相　委員が言われた「働かせる」という状況ではなくて、「働かせる」ということであれば、本来、この制度というのは適用できなくなってまいりますので、そういった意味では、あくまでも本人が自分で仕事を割り振りして、より効率的な、そして自分の力が発揮できる、こういった状況を作っていくということであります。

小池議員　高プロで労働時間の指示ができないという規定が、法律上、ありますか。

加藤厚労相　そういったことは、これから指針を作ることになっております。法律に基づく指針、そして、その指針にのっとって労使委員会で決議をしていただく、こういうプロセスがありますので、その指針の中身に、いま、ご指摘のことも含めて、これ、まあ、法律が通ればの話ですけれども、労働政策審議会でご議論いただくことになるというふうに考えております。

小池議員　法律上、まったくないわけですね。

加藤大臣は、「『働かせる』ということであれば、本来、この制度というのは適用できなくなってまいります」と答弁している。高度プロフェッショナル制度は、高い交渉力を有する高度専門職の方が意欲や能力を発揮できる働き方の選択肢を提供するものだとも加藤大臣は答弁していたので、「働かせる」というような働き方が対象ではないと言いたかったのだろう。しかし、ここで小池議員が確認しているように、法律の条文には、労働時間の指示ができないという規定もなく、二十四時間ずっと働かせてもそれが違法になるような規定もない。だから、二十四時間ずっと働かせることが可能な制度の濫用を防ぐためには、この法律の条文に省令や指針で歯止めを設ける必要があった。

このやりとりのなかで、加藤大臣は、こうも発言していた。

ですから、一般であれば、残業が命じられて、そしてそれにのっとって仕事をしなきゃならないわけであります。しかし、この高度プロフェッショナルは、そういう仕組みになっていないんです。法の趣旨もそうでないんです。したがって、それに基づいた、先ほど申し上げた、法律に具体的に、という話がありましたけれども、その法案の趣旨を踏まえて指針にしっかり盛り込めばですね、それは法律的な効果を、先ほど申し上げたように、生んでいくということであります。

ここで加藤大臣は、法の趣旨を指針に盛り込めばだいじょうぶであるかのように答弁している。しかし、指針は強制力が弱く、指針に反したからといって、ただちに違法にはならない。そのため、濫用への歯止めとしては不充分だ。法律に濫用への歯止めが書き込まれていないのなら、法律の詳細を定める省令に歯止めを書き込む必要がある。そして、どういう歯止めを書き込むかは、政府に委ねるのではなく、その概要を質疑によって答弁のかたちで引き出し、言質を取っておく必要がある。

では、そのような言質を取るためには、どういう質疑をおこなえばよいか。国会議員と、彼らを支える背後の関係者のあいだで、綿密なやりとりがあったらしい。国会質疑の前には国会議員は議員事務所に関係省庁の担当職員を呼び、論点について具体的な説明を求める「レク」（レクチャー）の場を設けるのが通例だが、そこでもやりとりがおこなわれたようだ。

そのうえで、六月五日の参議院厚生労働委員会では、吉良議員が、次のように質疑を展開した。なお、ここに出てくる金融アナリストとは、高度プロフェッショナル制度の対象業務になる見込みがあった業務であり、実際、その後の省令で対象業務に指定された。

吉良議員　実は私も、ある金融アナリストの方に、その働き方の実態を伺いました。その結果、この法案に書かれているような、従事した時間と従事して得た成果との関連性が通常高くないとか、大臣がおっしゃっているような自律的な働き方とは言えない働き方だということがわかったんです。

その方は、現在は個人経営で仕事をしているんですけれども、新人当時、企業に勤めていたときには、朝七時に出勤して夜中の一時まで、十八時間会社に居続けていたとおっしゃっていました。

というのは、毎朝七時半に朝会、レポート報告の朝会があったためで、その準備も含めて七時には出勤しなければならなかった。夜は夜で、取引が終わった三時以降に各企業の説明会がひっきりなしである、と。遅い場合は七時間半から説明会と。それを聞いてから会社に帰ると、もう九時過ぎで、そこからレポートを作成して、終わるのが十二時をまわって、そのレポートを次の日の朝会で提出しなきゃいけないから、また七時に出勤と。これが基本的なルーティンだって、おっしゃっていたんです。

いま、この方は経験積んでいって、裁量の利く働き方だともおっしゃっているんですけれども、それでも、繁忙期はやっぱり朝会は毎朝出なきゃいけないし、説明会も毎晩聞かなきゃいけないから、同じようなルーティンで繁忙期は働いていると。これが時間と成果との関連性が高くないとか、自律的な仕事だと言えるのか、と。

先ほど石橋議員からもありましたけれど、こういう業務、アナリスト、やっぱりこの対象とすべきではないのじゃありませんか。大臣、いかがでしょう。

これに対し、加藤大臣は、

基本的に、一定、たとえば、この時間のミーティングに出なさいとか、この時間にあれをしなさいということになれば、これはもう時間配分等の制約を受けているということになるわけでありますから、これは先ほど議論させていただきましたけれども、今回のなかで我々、省令を作った段階をベースにすれば、当然、該当しないということになるわけであります。

とか、

ですから、先ほどの、ものの規定の仕方として、省令のなかにおいてそうした業務を規定すると同時に、時間配分等々について制約を受けない、そういった旨を、その省令の中に規定をしていくということを、考えているわけであります。

といった答弁をおこなった。

「先ほど」とあるように、この吉良議員の質疑の直前におこなわれた立憲民主党の石橋通宏議員の質疑でも、完全な裁量権のある労働者だけが対象となるということの確認を求めている。それに続くこの吉良議員と加藤大臣のやりとりでは、金融アナリストの朝会や夜の説明会への出席といった具体的な事例を踏まえたかたちで、「時間配分等々について制約を受けない、そういった旨を、その省令のなかに規定をしていく」という言質を取ったわけだ。

こういった質疑を参議院で重ねていった結果として、法律の成立後に定めた省令においては、対象となる業務を規定するにあたって、対象業務に従事する時間に関して使用者から具体的な指示を受けておこなうものは含まれないとの趣旨の文言を盛り込ませることができた。

そして、このように省令で対象業務について制約を設けることができたことは、高度プロフェッショナル制度が幅広い業務に適用される事態を、制度的に防ぐことにつながった。

高度プロフェッショナル制度は二〇一九年四月より導入が可能となったが、厚生労働省の発表によれば、制度の導入状況は、二〇一九年九月末現在で、六社・三百五十三人と限定的なものとなっている。省令の規定によって濫用に一定の歯止めをかけた成果と言えよう。

問題の全体像を描きだす

このように、答弁で言質を取ることに重点が置かれた質疑もあれば、大胆に問題の構図を描いて見せる質疑もある。国会パブリックビューイングが二〇一九年二月六日に取りあげた二月四日の衆議院予算委員会における小川淳也《じゅんや》議員（立憲民主党・無所属フォーラム）の質疑は、後者の好例だ。

この二月六日の国会パブリックビューイングでは、二月四日の小川議員の質疑だけを取りあげた。この日の一時間四分にわたる質疑の注目場面を切り出して伝えるだけで、このとき

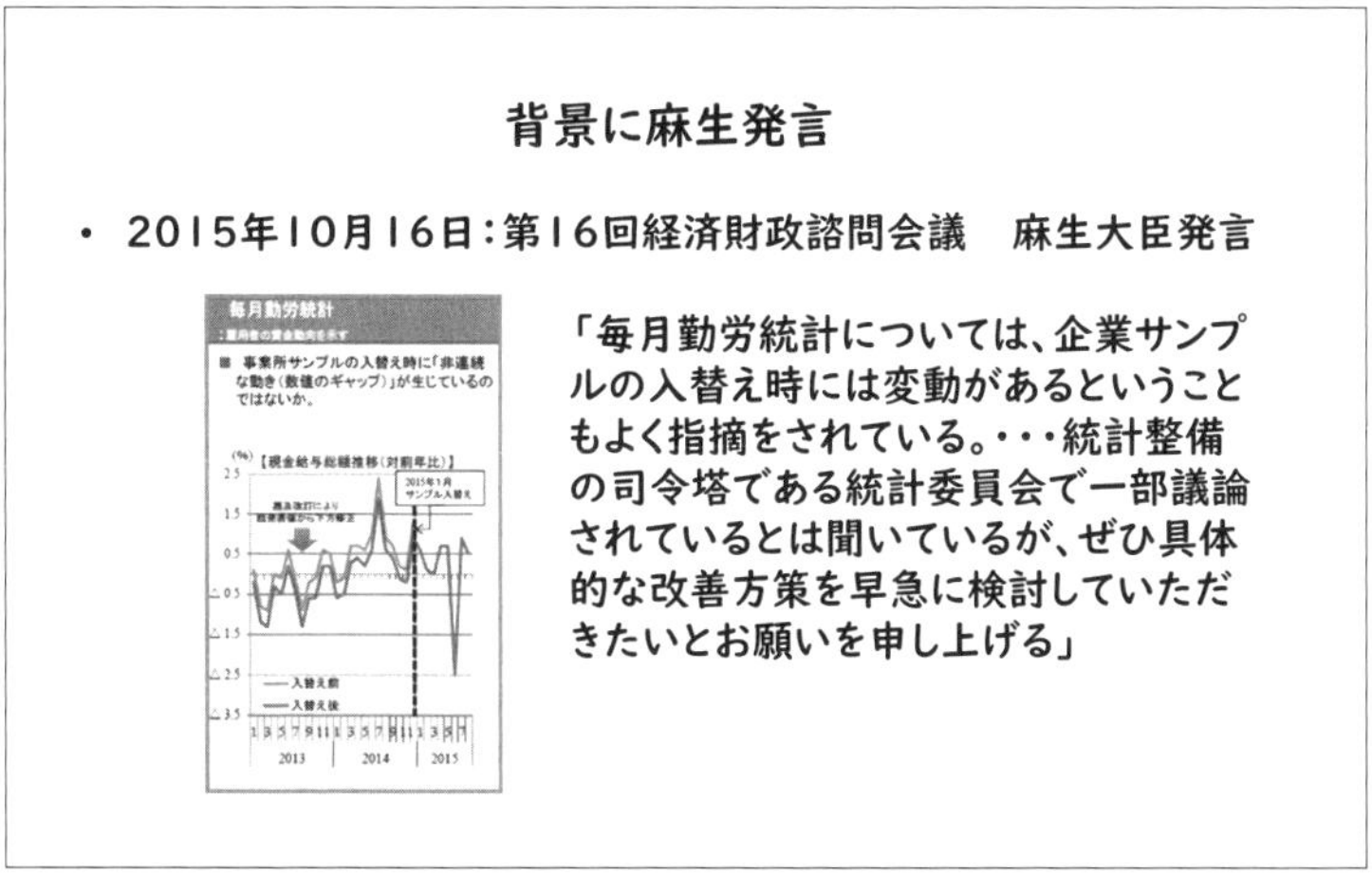
背景に麻生発言
• 2015年10月16日：第16回経済財政諮問会議　麻生大臣発言
毎月勤労統計
事業所サンプルの入替え時に「非連続な動き（数値のギャップ）」が生じているのではないか。
【現金給与総額推移（対前年比）】
2015年1月 サンプル入替え
入替え前
入替え後
2013
2014
2015
「毎月勤労統計については、企業サンプルの入替え時には変動があるということもよく指摘をされている。・・・統計整備の司令塔である統計委員会で一部議論されているとは聞いているが、ぜひ具体的な改善方策を早急に検討していただきたいとお願いを申し上げる」

平成27年度第16回経済財政諮問会議における麻生太郎財務大臣の発言と、麻生大臣が提出した「毎月勤労統計」に関するグラフ。パワーポイントのスライドとして、筆者作成。

問題となっていた毎月勤労統計をめぐる不正の、歴史的な経緯が浮かびあがってくる内容になっていたからだ。二月六日の緊急街頭上映では、パワーポイントでグラフや年表を示しつつ、一時間二十分にわたってその質疑を紹介した。*7

この二月四日の衆議院予算委員会の質疑で、小川議員は、基幹統計である毎月勤労統計において、二〇一八年一月分の公表時以降、前年比の賃金の伸び率が過大となっていた問題を取りあげた。従来、東京都の五百人以上の事業所について、抽出調査に切り替えたうえで、抽出分の復元処理をおこなっていなかった結果として、賃金水準が下振れしていたのを、二〇一八年一月分の調査からことわりなく復元処理を始めた結果だった。その処理の変更の背後に、賃金の伸びを高く見せたい官邸の意向があっ

統計の政治化

2014年10月3日	前原誠司議員が衆議院予算委員会でアベノミクスの誤算として、実質賃金の減少を指摘
2014年11月21日	消費税10パーセントへの増税先送りを受けて、衆議院解散
2015年6月3日	厚生労働省「第1回 毎月勤労統計の改善に関する検討会」開催
2015年9月8日	安倍晋三、自民党総裁選で再選
2015年9月16日	「第6回 毎月勤労統計の改善に関する検討会」で「中間的整理（案）」が提示される
2015年9月24日	自民党総裁記者会見にて、安倍晋三総裁が「新・三本の矢」を提示。「GDP600兆円の達成」を目標に掲げる
2015年10月16日	「経済財政諮問会議」で麻生太郎財務相が毎月勤労統計に言及
2016年6月2日	「経済財政諮問会議・産業競争力会議」において、「経済財政運営と改革の基本方針2016――600兆円経済への道筋」を決定。「成長戦略の加速等」の項目に「経済統計の改善」を位置づける
2016年12月21日	山本幸三行政改革担当相が「経済財政諮問会議」にて、政治主導の統計改革を主張
2017年2月3日	菅義偉内閣官房長官を議長とした「第1回 統計改革推進会議」開催

2月4日の衆議院予算委員会の質疑で「統計が政治化している」として小川淳也議員が示した経緯。補足したうえで筆者作成。

たのではないかという筋書きで、小川議員は質疑を組み立てた。[*8]

その質疑は、実質賃金が減少していることをアベノミクスの誤算と指摘した前原誠司《せいじ》議員（民主党）の二〇一四年十月三日の衆議院予算委員会における発言にまで歴史をさかのぼったうえで、そこから今日まで、統計へのさまざまなかたちでの政治介入の動きがあったことを、質疑のなかで次々に紹介していったものであり、推理ドラマを見ているような面白さがあった。

二〇一五年十月十六日の経済財政諮問会議で、麻生太郎財務大臣が毎月勤労統計について立ち入った発言をおこなったことに小川議員が言及したあとには、小川議員と麻生大臣のあいだで、次のようなやりとりがあった。

小川議員　きわめて政治的な意図が、裏に隠れているんじゃないですか。精度を高めろ、正しい統計を出せと表では言いながら、裏では、数字を上げろ、いい数字を出せと、暗に政治的圧力をかけているんじゃありませんか。

麻生財務相　役所におられたらおわかりと思いますけれども、圧力をかけたら数字が上がるものでしょうか。

小川議員　役所にいたから訊いているんですよ。ちょっと、この政権は、公文書を書き換えさせていますからね。それは具体的に指示したんですか。指示していないのに、なんでやるんですか、官僚が。そんなことを、追い詰められて。そういう政権なんですよ。そういう体質を持った政権なんだ。その前提で、この数字について訊いているわけです。

「役所におられたらおわかりと思いますけれども、圧力をかけたら数字が上がるものでしょうか」と麻生大臣が答弁したときには、議場に嘲笑的な笑い声があがっている。しかし、小川議員はひるまずに、「役所にいたから訊いているんですよ。ちょっと、この政権は、公文書を書き換えさせていますからね」と応じた。麻生大臣の印象操作が、ただちに無効化された場面だった。

小川議員は、もともと総務省の官僚だったという。官僚として政治的な圧力のなかで、いろいろ理不尽な思いをしてきた経験もあるのだろう。そしていま、現役の官僚が安倍政権の

指示していないのに何でやるんですか
官僚がそんなことを追い詰められて
2月4日の衆議院予算委員会において、麻生財務相を追及する小川淳也議員。衆議院インターネット審議中継に字幕を付けたもの。

圧力のもとで、公文書を書き換えさせられたり、新たな指示に基づいて従来と手法を変えた統計データを公表させられたり、そういう不本意な働き方を強いられていることに、憤りを感じているのだろう。

このやりとりを上映した直後、新宿西口地下広場で街頭上映を見ていた人たちのなかからは、拍手が起きた。それだけ迫力のあるやりとりだった。

この二月四日の小川議員の質疑では、安倍首相が次のように感情的に反発する場面もあった。

安倍首相　それはいっさい、ではいっさい、我々はひと言も口を出すなということなんでしょうか。

そうではなくて、専門家が決めて

いくことではありますが、いままでのやり方でいいのかどうか検討しろということは、これは政治主導でないとできないんですよ、それは。政治主導でなければできないということは申しあげておきたい、こう思うわけでございます。

このさい、ずっといままで小川先生がおっしゃっていた、まるで私たちが統計をいじってアベノミクスをよくしようとしている、そんなこと、できるはずがないじゃないですか。そんなこと、できるはずがないんですよ。

この場面では、街頭上映を見ていた人たちから失笑が起きた。それまでの質疑の流れを見ていれば、統計をいじることなどできるはずがないという安倍首相の発言は、官邸の介入疑惑を打ち消すことを意図したものでしかないことが明らかだったからだ。実際に、その後の国会質疑では、官邸の介入の疑惑がどんどん強まっていき、政府与党側は、野党が求めた参考人招致を認めないなどの抵抗を続けることになった。

毎月勤労統計の不正問題については、国会パブリックビューイングでは、通常国会の開催前の一月二十四日の閉会中審査の段階から取りあげてきた。

とても寒い時期であったので、まずは屋内からの緊急ライブ配信を一月二十六日に試みた。それをもとに、さらに内容を充実させたかたちで、一月二十八日には新宿西口地下広場で、翌日の一月二十九日には有楽町駅の中央ガード下で、それぞれ全労連の伊藤圭一さんをゲスト解説に招いて、緊急街頭上映をおこなった。

生協労連にて、屋内から初めてのライブ配信。左から、筆者、真壁隆氏。2019 年 1 月 26 日。

右に見た二月六日の新宿西口地下広場における緊急街頭上映は、統計不正問題の質疑が衆議院予算委員会に移ってからの様子を取りあげた最初の回で、仕事帰りと思われる人も含め、かなり多くの人が足をとめていた。同時に、事前にツイッターやフェイスブックで情報を得て、国会パブリックビューイングの様子を見ようと来てくれた方もいた。

街頭上映の終了時に私は、参加者の方々に、この質疑がよかったと、ぜひ小川議員にもフィードバックを送ってほしいと呼びかけた。その呼びかけに応えて、国会パブリックビューイングで質疑を見たと小川議員に多くの方がツイッターでコメントを送った。

それを受けて二月七日には、小川議員がツイッターで次のようにコメントした。

上西先生、皆様、ゆうべはすごい企画をありがとうございます（飛び入りゲストで参りたかったくらいです）
「重機で仕事をしながら、一筋の光を、車を止めて車内で、諦めちゃいけない」
珠玉の言葉の数々に本当に勇気付けられています。
これはモラル復権、モラル復興のための闘いかも知れませんね。

国会パブリックビューイングが、国会審議を街頭に届けるだけでなく、逆に街頭上映を通じて、街頭の声を国会議員に届けることにもつながっていると感じられた出来事だった。その後、二月十六日には、毎月勤労統計の問題と、GDPの不自然なかさ上げの問題を合わせたかたちで、明石順平弁護士をゲスト解説に迎えて、新宿西口地下広場で再び緊急街頭上映をおこない、こちらも多くの人に見てもらうことができた。
二月十九日にも小川議員はこうコメントしている。

昨日18日の質疑、皆様応援本当にありがとうございます。私も「絶望」や「渇望」と闘ってきただけに、皆様と繋がれてこんなに励まされ勇気付けられることはありません。本当にありがとうございます。統計不正、そして不毛な数値論争、まだまだ頑張らねばです。

国会審議に消極的な政府与党

以上、本章で見てきたように、野党議員の質疑には、さまざまな役割がある。そして、大きく政策を説くことに長《た》けた議員、緻密に質疑を組み立てるのがうまい議員、論理的に詰めていき論点ずらしの答弁を許さない議員、相手の答弁を巧みに引きだして言質を取るのがうまい議員など、それぞれの持ち味を生かした質疑を、分担しあっているように見える。けっして「野党は反対ばかり」しているわけではない。

そうした多彩な野党議員に追及されるのは、嫌なのだろう。政府与党側は、都合の悪い資料は請求されても出さない、参考人の招致も認めない、といった消極的な対応を取ることが多い。それだけでなく、国会における野党の質疑時間を減らしたり、国会そのものを開かなかったりと、国会審議そのものを避けようという傾向が、近年、強まっている。

二〇一七年六月二十二日には、森友学園・加計《かけ》学園問題などをめぐって、野党側が憲法五十三条に基づく臨時国会の召集を求める要望書を衆参両院に提出したが、安倍政権側はそれに応じず、九月二十八日には臨時国会を召集したものの、まったく審議をおこなわず、冒頭に衆議院の解散を宣言した。憲法五十三条は、「いづれかの総議員の四分の一以上の要求があれば、内閣は、その召集を決定しなければならない」と定めている。にもかかわらず、三カ月以上ものあいだ放置したわけだ。

二〇一七年十月二十七日には、安倍首相が萩生田光一《はぎうだこういち》幹事長代行に対し、国会での野党の質疑時間を与党よりも大幅に多くする慣例について、見直すように指示する動きがあった。[*9]

二〇一九年の第一九八回通常国会では、予算委員会が四月以降、会期末の形式的な閉会手続きまで、いっさい開かれなかった。四月に野党が参議院規則に基づき予算委開会を求めたが、与党側は応じなかった。参議院規則では、委員の三分の一以上の開会要求があった場合、「委員長は、委員会を開かなければならない」と定められており、その要件を満たしたうえでの開催要求であったにもかかわらず、応じなかったわけだ。

予算委員会は、予算の審議をするだけの場ではない。行政監視の場でもある。予算委員会では、国政全般について取りあげることができ、首相にも各大臣にも答弁を求めることができる。首相が答弁に立つ日には、NHKのテレビ中継も入る。それだけ注目が集まる予算委員会だからこそ、開きたくないというわけだろう。

国会を開けば、政府がいくら論点をずらした答弁をしても、時間稼ぎの答弁をしても、資料を出さずに問題に向き合うのを回避しても、そのこと自体が可視化されてしまう。そしてその問題に注目が集まれば、政権支持率の低下につながりかねない。ならば、問題が表面化しないように、国会そのものをできるだけ回避し、批判の材料を与えないようにしようというのが、現在の安倍政権の姿勢である。

私たちが国会に関心を持たず、国会が開かれないことにも関心を持たないままであれば、政府の国会軽視の姿勢はさらに強まるだろう。それは、この章で紹介したような野党議員に役割を与えないということであり、政治のチェック機能を私たちが失うことにつながるのだ。

第　六　章

路上という
公共の政治空間

道路使用許可は取らない

国会パブリックビューイングの上映交流会で、参加者から最初に出る質問は、たいていの場合、道路使用許可は取っているのかというものだった。

私たちは活動立ちあげから一年間で三十五回の街頭上映をおこなってきたが、いずれも道路使用許可は取っていない。場所を選びながら、道路使用許可を取る必要がない場所で実施してきた。駅の構内や公園、私有地などは使わない。公共の路上で、人々の通行の妨げとならない広さがある場所を選んだ。国会パブリックビューイングを見ている人が点字ブロックを踏んでしまわないように、必要に応じてメンバーが声かけをしてきた。

デモ行進で車道を歩くには、警察に事前に許可を取る必要がある。公園も利用には許可が必要だ。けれども、公共の路上は、著しく通行の妨げとならないかぎり、使用許可を取る必要はない。そのことは、国会パブリックビューイングの上映ノウハウを集約した「国会パブリックビューイング@ウィキ」のページにも関連記事を載せてあるので、参照いただきたい。[*1]

ただし、警察に声かけされる場合などもあるので、街頭上映をやってみようと考えている方は、街頭行動の経験がある市民運動や労働運動の関係者などに事前に相談したり、立ち会ってもらったりした方がよいだろう。私たちの国会パブリックビューイングには、労働運動や市民運動で街頭行動を展開してきた人や、国会議員の街頭演説をサポートしてきた人などがいるため、場所の選定も、トラブル対応も、彼らの経験の蓄積を役立てている。

政党や労働団体だけでなく、市民が自由に路上で表現活動をおこない、主張する。そういう活動を続けていくこと、そのひとつひとつの実践の積み重ねが、表現の自由、言論の自由を守り続けることにつながる。実践の積み重ねがなければ、そういう路上の表現空間も、次第に奪われていってしまう。メンバーの横川圭希さんは、そう語る。私たちが利用してきた新橋ＳＬ広場や、新宿西口地下広場などは、そうやってさまざまな団体が街頭行動の場として選び、街頭行動ができる場として守られてきた場所だ。

近年は、公共の場で声をあげることに対する抑圧が強まっている。二〇一八年八月には東京新宿区で、デモ出発地として許可されてきた区立四公園のうち、柏木、花園西、西戸山の三公園が使えなくなり、使えるのは新宿中央公園のみとなった。「デモ出発地として使用できる公園の基準」の見直しにより、「学校、教育施設及び商店街に近接していないもの」という基準が追加されたことによるものだった。[*2]

演説への野次も、不当に排除されるようになってきている。参院選期間中の二〇一九年七月十五日には、札幌駅前での安倍晋三首相の演説に「安倍辞めろ、帰れ」などと連呼した男性ひとりと、「増税反対」と叫んだ女性ひとりが、それぞれ警官数人に取り囲まれ、体をつかまれて移動させられた。法的根拠が問われても、北海道警は説明を避けた。

同年八月二十四日には、埼玉県知事選の応援演説に立った柴山昌彦《しばやままさひこ》文部科学大臣に「柴山辞めろ」「（大学入学共通テストの英語）民間試験撤廃」と叫んだ男性が、警官に囲まれた。柴山文科相はその後、二十六日のツイッターに「少なくともわめき散らす声は鮮明にその場にいた誰の耳にも届きましたけどね」と投稿。二十七日の記者会見では、「もちろん表現の自由はですね、最大限保障されなければいけないということは当然なんですけれども、主権者の権利としてですね、やはり選挙活動の円滑ですとか、あるいはその自由というのも非常に重要な権利だとおもいます」「大声を出したり、通りがかりにヤジを発するというということはともかくですね、そういうことをするというのは、権利として保障されているとは言えないのではないか」と発言した。

振り返ってみれば、二〇一七年七月一日、東京都議選前日の秋葉原演説で安倍首相は、「安倍辞めろ」のコールに対し、聴衆を指さしながら「こんな人たちに、みなさん、私は負けるわけにはいかない」と発言。その後、安倍首相の選挙演説は、支持者で前方を固める、日程を公表しない、反対者によるプラカードや横断幕を支持者が幟《のぼり》などで取り囲んで見えなくするなど、異論を排除する姿勢が顕著になっていた。

デモの規制の強化や野次の排除は、異論を抑圧し、異論を可視化させない動きがさらに強められたものと言える。その抑圧に屈するならば、異論は無きものとして扱われる。市民が問題を認識するきっかけもなくなっていく。それが狙いであるからこそ、黙らないことが大切だ。

二〇一一年九月に哲学者の柄谷行人《からたにこうじん》氏は、「9・11新宿　原発やめろデモ!!!!」のスピーチでこう語っていた。[*3]

私はデモに行くようになってから、デモに関していろいろ質問を受けるようになりました。それらはほとんど否定的な疑問です。たとえば、「デモをして社会を変えられるのか」というような質問です。それに対して、私はこのように答えます。デモをすることによって社会を変えることは、確実にできる。なぜなら、デモをすることによって、日本の社会は、人がデモをする社会に変わるからです。

「人がデモをする社会」。たしかに日本は、「人がデモをする社会」に変わった。従来型のデモだけでなく、性暴力を許さない声をあげるフラワーデモのように、当事者の語りを路上で静かに聞き合う場も生まれた。国会パブリックビューイングも、広い意味では、デモだ。

柄谷氏は同じスピーチでこうも語っている。

デモは主権者である国民にとっての権利です。デモができないなら、国民は主権者ではない、といってもいい。たとえば、韓国では二〇年前までデモができなかった。軍事政権があったからです。しかし、それを倒して、国民主権を実現した。デモで倒したのです。そのような人たちがデモを手放すはずがありません。

デモの出発地への規制強化も、演説への野次の排除も、市民が路上で声をあげることに対する抑圧の強化だろう。「人がデモをする社会」は、声をあげ続けることによって、かろうじて維持される。

街頭上映に適した環境

話を戻そう。許可が必要ないとしても、街頭上映に適した場所というのは、案外、限られる。広さが必要であると同時に、見てもらうためには人の流れも必要で、けれども、あまり人が多すぎると、じっくり見てもらえる環境が作れないからだ。

渋谷のハチ公前広場の交差点近くで実施したときには、人の流れが多すぎて適さなかったことは、第三章に書いたとおりだ。渋谷ほどではないにしても、交差点のすぐ近くだと人の流れが速すぎるので、少し離れた場所の方が、映像を目にした人が立ちどまりやすい。駅前などは、勧誘の声がけがおこなわれている場所もある。そういうところは人々が足早に通り過ぎるので、これも適さない。

まわりの音や明るさも重要だ。電車が通るたびに音が聞き取りづらくなる場所は、適さない。建物の配置による音の反響の度合いも、それぞれの場所で異なる。街灯の下などは、スクリーンの映像が鮮明に映らなくなってしまう。新宿駅東南口で実施したさいには、まわりのビルの照明が明るいことと、駅ビルの液晶ビジョンから流れる音の大きさなどから、人通りの多い場所であるにもかかわらず、何をしているのか認知されにくい問題があった。

街頭の場合は、ある程度の人通りがありながらも、それほど多くはなく、足をとめられる空間があり、比較的落ち着いた場所が、国会パブリックビューイングには適している。ただし、そういう場所は、ストリートミュージシャンが選ぶ場所でもあり、バッティングすることもある。

また、街頭上映で大きな制約となるのが天候だ。暑さ、寒さの問題に加え、風が強いとスクリーンが倒れてしまうし、雨に濡れると機材が故障してしまう。最初に国会審議を上映した二〇一八年六月十五日の新橋ＳＬ広場は、開催前に小雨がぱらついており、機材に雨よけのカバーをかけて、天候を気にしながらの実施だった。

日本労働弁護団と「東京過労死を考える家族の会」の主催による二〇一八年六月二十日の秋葉原電気街口での街頭上映のさいには、雨のなかでの実施だったため、テントを張って、そのなかに置いたテーブルにパソコンやプロジェクターを載せ、反転させた映像を背後からスクリーンに映し出す手法を取ったが、そのかたちを取るにはより広い空間が必要で、テントの準備などもなかなか容易ではない。

その点、屋根がある場所だと雨が降っても安心だが、屋根があって使用許可がいらない場所は、限られる。新宿西口地下広場は、そういった条件を満たす限られた場所であるため、これまで私たちは、その場所でたびたび開催してきた。

気候、明るさ、人の流れ、街の音など、場所によって、日時によって、街頭上映の環境は実にさまざまだ。事前に下調べをしておけばベターなのだろうが、私たちはぶっつけ本番でやってみて、その経験から学んで、次に活かすことをくり返してきた。恵比寿駅前で上映したときには、雷鳴がだんだん近くなり、ぱらぱらと雨が降り始めたところで中断して撤収することを決め、機材を片付けてタクシー乗り場の屋根の下までたどり着いたところで、突然の激しい雨に変わったこともあった。

スクリーンにプロジェクターの映像を映しだすので、開催の時刻も重要だ。二〇一八年十月七日に松本駅前で上映したときには、開始予定時刻になってもまだ明るく、内容の説明をしながら暗くなるのを待った。スクリーンではなく液晶モニターであれば、まわりが明るくても見えるが、重くて持ち運びが不便だ。そのため、私たちはいまのところ、試験上映を除き、通常は折り畳み式のスクリーンを使用している。

それとは異なり、二〇一八年八月に発足した別団体「京都で国会パブリックビューイング」は、当初、機材をそろえる資金がないなかで、ノートパソコンを上映画面とする「ミニマム上映」を実施していた。ノートパソコンとスピーカーだけの、簡易なセットによる上映だ。当然、画面は小さく、音量も限られるのだが、だからこそ、「何をやっているのだろう?」と近づいて見る人の姿もあったようだ。

条件に応じて、工夫次第でやりようはあり、失敗したら、そこから学んで、次に活かす。それが国会パブリックビューイングの取り組みの面白さである。

「京都で国会パブリックビューイング」によるミニマム上映の様子。ノートパソコンとスピーカーだけの簡易なセットだからこそ、人々は画面に近づいて見ていた。橋の上を通る人々も気にしている。禊川・三条河川敷。2018 年 10 月 20 日。

上映を支えてくれる人たち

国会パブリックビューイングのメンバーのうち、街頭上映に動けるのは、各回四、五名程度だ。このメンバーの人数だけでは、機材の搬入、組み立て、上映、片付けなど、すべてをおこなうのは難しいので、毎回の上映時には、手伝っていただけるボランティアを、ツイッターで募集している。

ボランティアには現地で、機材の組み立てを手伝っていただいたり、スクリーンを支えていただいたり、荷物番をしていただいたり、機材をタクシーまで運ぶのを手伝っていただいたりしてきた。

二〇一八年十一月八日に、有楽町で初めて入管法改正の緊急街頭上映をおこなったときには、私がバッテリーの充電の仕方を間違えて、充電後にスイッチをオンにしたまま持ち込んでしまい、現地で機材を組み立てようとしたら充電残量がほとんどなくなっており、上映の途中でバッテリーが切れてしまった。やむなくメンバーの山田真吾さんがノートパソコンの画面を掲げて、映像を見せながら上映を続けていたのだが、ツイッターでトラブルを知った方なのか、充電したモバイルプロジェクターを持ってきて、貸してくださった方がおられて、その場で機器を切り替えて、国会審議映像の上映を続けることができたこともあった。そのときには、見ている人々から拍手が起きた。

一回の街頭上映にかかる費用は移動のタクシー代ぐらいだが、スクリーンは消耗品で買い替えが必要なことが判明したし、各地で上映会を開催するには、新幹線代や宿泊費がかかる。イベントには会場使用料がかかる。そういった費用は、すべて活動を支援してくださる個人の方々からいただいた寄付で賄《まかな》っている。口座に定期的に振り込んでくださる方もおられる。緊急街頭上映時からは、スクリーン脇に募金箱を置くことにしたが、上映後、そこに千円札を入れてくださる方もおられた。

そして、街頭上映に集まってくれる方たちも、国会パブリックビューイングの大切な支え手だ。足をとめてスクリーンの映像を見てくれる人たちがいるからこそ、歩いている人も足をとめるようになる。そうして、国会審議の映像を街中でいろんな人が集まって見ているという、ある種の政治空間が生まれる。集まった方が参加した感想をツイッターに投稿してくれれば、そこからまた、この活動への認知と関心も広がっていく。

京都、大阪、松本、札幌、名古屋、湘南で上映交流会を開催したときには、メンバーの伝手を頼って、現地の方に室内での上映と交流の会場を予約いただいたり、街頭上映にふさわしい場所を選定していただいたり、交流会の運営を手伝っていただいたりした。事前に下調べに行くことは難しいため、各地での上映交流会はそのような受け入れ態勢があって、初めて可能になっている。

さらに、折に触れてお手紙を送って励ましてくださる方もいる。二〇一八年八月に長文のお手紙をくださった方は、柿の種を二パック、同封してくださった。サッカーのパブリックビューイングのように、私たちの国会パブリックビューイングも、いつかビール片手にできたらいいなという構想をツイッターに語っていたのを受けて、送ってくれた柿の種だった。

そこで八月二十七日の恵比寿での街頭上映時には、いただいた柿の種をスクリーンの近くに置き、集まった方々に、自由に取って、食べながら見てもらうことにした。その後、「柿の種（仮）」さんと呼んでいるその方からは、柿の種やパインアメをお手紙とともに送っていただいている。お手紙に記していただいた活動への感想は、メンバーで共有し、その後の活動に活かしている。

「柿の種（仮）」さんの最初のお手紙には、国会パブリックビューイングの活動が、『重版出来！』[*4]（TBS系列、二〇一六年放送）の第二話「これが僕の仕事だ！　幽霊社員の本気の営業！」の回に雰囲気が似ているとの言及があった。その文面の一部は、事前の了解を得たうえで、私の著書『呪いの言葉の解きかた』に紹介させていただいた。

ドラマの中では、『タンポポ鉄道』というコミックが、出版社の営業部の社員や書店員らの努力と創意工夫によって、広く読まれていくに至る様子が描かれている。その読者の広がりの様子が、たんぽぽの綿毛が風に乗って広がっていくイメージに重ねられていた。

そのドラマに言及したお手紙と、そこに添えられていた柿の種から、私は、この柿の種もまた、たんぽぽの綿毛のように、私たちの活動を広く伝える「種」だと連想した。そしてその後、街頭上映や室内の上映交流会のさいには、柿の種やチョコなどを参加者に配り、機会があれば、活動を広げる「種」としての意味合いを、私たちがその柿の種に込めていることを語った。

するとと、他の方からも、ときおり柿の種が届くようになった。また、寒い時期の街頭上映時には、携帯カイロを差し入れてくださる方もいた。

さらに、私たちの活動を見て、別の場所で同じようにパブリックビューイングの活動を独自に始めた方たちもいる。私たちの映像を上映する団体もあれば、横浜の配達弁当（ハマ弁）の問題を取りあげておられる方や、水道法改正の問題を取りあげている方もおられる。国会について語り合う「国会カフェ」を、室内で開いた方もおられる。

私たちの手を離れたところで、国会パブリックビューイングの活動のコンセプトやノウハウが継承されていく。それはまさに、種が芽吹いたような展開だった。

ちなみに、先に触れた「京都で国会パブリックビューイング」では、街頭上映時にミレービスケットを配ることがあるという。ジャン゠フランソワ・ミレーの絵画『種まく人』からの連想だ。そういう遊び心を持ちながら、楽しみながら実施していくことが、継続のコツだろう。

国会審議の解説が求められている

街頭上映を続けてきて、新たにわかったことがある。それは、国会審議の解説が求められているということだ。

外国人労働者の受け入れ拡大に向けた入管法改正や、毎月勤労統計をめぐる統計不正問題は、ニュースでも取りあげられており、新聞報道もある。にもかかわらず、その問題が国会でどのように取りあげられているかを、ゲスト解説付きで八十分程度の時間をかけて街頭で上映する私たちの取り組みに対し、寒いなか、じっと足をとめて、最後まで見届ける方が多くいた。そして、何が問題であるのか、ニュースだけではわかりにくいが、国会パブリックビューイングを見て初めてよくわかったといった感想も寄せられた。

論点については、新聞報道でも、ニュース特集でも、ネットの記事でも、把握することができる。けれども、その論点が国会で実際にどのように議論されているのかは、第三章で言及したTBSラジオ『荻上チキ・Session-22』の特集を除けば、あまり大手メディアでは取りあげられていないのではないだろうか。

私たちはその国会審議の場面に焦点を当て、この発言にはどういう意味があるのか、この場面では何が問われているのかを、場面ごとに解説をつけながら街頭上映した。

さらに入管法改正と統計不正に関する緊急街頭上映では、ゲスト解説を担っていただいた全労連の伊藤圭一さんに、国会の審議はどんなふうに進められているのか、国会運営の仕組みについても随時、解説を加えていただいた。

たとえば、国会の審議中、委員長席に野党の理事たちが詰め寄って、速記がとまる場面にはどういう意味があるのか、首相や大臣が後ろを振り返ってなにやら相談しているのは、誰と何を相談しているのかといったことだ。

実際、国会のやりとりには独特なものがあり、運営の仕組みを知らないと、何がどう進行しているのか、わからないことも多い。サッカーのテレビ中継を見ていても、「オフサイド」という言葉の意味を知らなければ、なぜ試合中に突然プレーがとまるのか、わからないのと同じだ。「オフサイド」というルールがわかれば、ゴールを決めるまでの過程を、より深く正確に理解することができる。これは国会の場合も同じである。

たとえば、二〇一九年一月二十八日の新宿西口地下広場における統計不正に関する緊急街頭上映の場で、伊藤さんがどんなふうに国会の運営の仕組みについて解説したか、その一部を紹介してみたい。[*5] 一月二十四日の午後におこなわれた参議院の厚生労働委員会（閉会中審査）のやりとりを紹介した後の場面だ。

　野党が質問をするさいに、裏でどんな作業をしているのかも、紹介をしたいんですけれども、事務方（この場合は、厚生労働省の担当職員）に、（レクの場で）事前に基本的なところから、さぐりを入れて、弱点をさぐっていくということを、やるんですよね。で、どうも聞いていると、ま、なかなか本当のことを言わないんですけれども、怪しそうだっていうのが、この（統計不正に関する特別監察委員会の）客観性、第三者性に関わるところだということをつかんでいて、それを（議員の）皆さん、（この参議院の質疑がおこなわれた同じ日の午前中の）衆議院の（質疑の）段階から、どんどん突《つ》っついていくと、もう、（根本匠厚生労働）大臣が、（答弁できずに）ふらふらになってましたよね。

で、事務方はたぶん、うまく糊塗《こと》できるように、逃げようというふうに考えて、逃げきれるというふうに思っていたのかもしれませんが、そこは見事に破綻《はたん》をしてしまったというのが、今日、みなさんといま、見てきた経過だと思います。

（この日の午前中の）衆議院に比べると、参議院の方が（厚生労働）委員長の運営についても、これは国会としては正しいやり方をしていて。大臣は自分で答えられないんですね。事実把握ができていない。なので、事務方に頼る。そういう姿勢を見せたとたんに、（委員長は）時計はとめました。

衆議院は、あれだけグダグダして、揉《も》めている最中でも、ずうっと委員長がしゃべって、代わりに「どうですか」なんて言うなかで、（時計の）空まわしをしているんですね。

この日（一月二十四日の厚生労働委員会の閉会中審査の日）、衆議院も参議院も、質疑時間は（それぞれ）四時間と絞られています。閉会中（審査として）四時間。貴重な時間を、ああいうことで奪おうというのが、いまの与党側・政府側の姿勢としてあるんですが、そこも確認できたと思います。

ここで伊藤さんが紹介しているように、野党議員は国会の場での質疑の前に、担当部局の事務方（主に課長補佐、係長級の職員）にレク（説明）を求め、質疑で問う論点をあらかじめ問うている。レクの場で回答を得たうえで、それを国会の場で大臣の口から公式に答弁させて言質を得る場合もあるし、レクの場で曖昧な答しか得られなかった場合に、そこに追及ポ

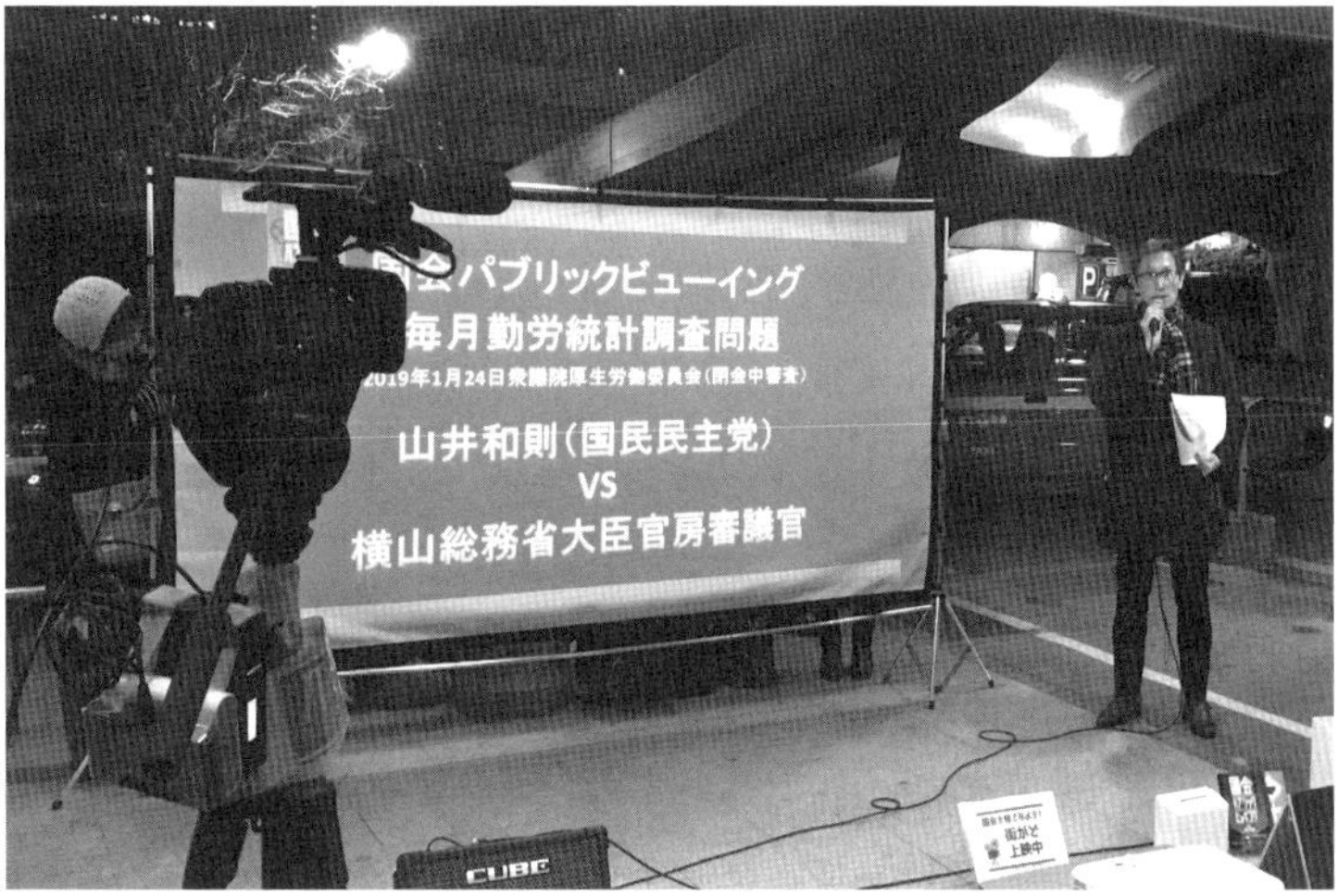

全労連・伊藤圭一氏によるゲスト解説。国会における与野党のかけひきや見どころを具体的に指摘。毎月勤労統計不正調査問題を取りあげた緊急街頭上映。新宿西口地下広場。2019 年 1 月 28 日。

イントがあると見定めて、国会審議の場でその点を深く追及することもある。右で伊藤さんが説明したのは、後者の場合のことだ。

また、政府側がすぐに答弁できない場合には、野党の質疑時間を空費させないために、委員長は本来、「速記をとめてください」と言って時計をとめさせなければいけない。そもそも委員長は、与党にも野党にも加担しない中立的な委員会運営をおこなう責任のある立場だ。右の伊藤さんの説明の後半で語られていたのは、参議院の厚生労働委員会の委員長は、その職責にふさわしいふるまいをしていたのに対し、衆議院の厚生労働委員会の委員長は、政府与党に加担して、野党の抗議があってもなかなか時計をとめずに、無駄に野党の持ち時間を空費させるように議事進行していたことへの批判だった。

こんなふうに、国会運営の仕組みも含めて解説があると、国会審議の映像がよりわかりやすいものになる。そして、解説する側も、国会パブリックビューイングであれば、目の前に観衆がいるので、その人たちの反応を見ながら解説ができるという利点がある。

こうなってくると、国会審議の街頭上映というよりは、街角で開催する市民講座のようでもある。なので、緊急街頭上映については、「星空市民講座」と名づけておこなったこともあった。

そうやって、街頭上映が国会審議を深く理解する場になると、それは単に国会の様子を街の人に届ける場であるだけでなく、街角がみんなで国会を見守り、監視する場としての機能も持つようになる。

よい質疑には拍手を送り、よい質疑をおこなった議員に評価の声を送ることによって、その後の国会質疑の励みにしてもらう。第五章で見た、統計不正問題に関する小川淳也議員（立憲民主党・無所属フォーラム）の質疑についての街頭上映の場は、そのように機能した。

それに加えて、政府の姿勢については、スクリーンのなかの野党議員とともに、その答弁姿勢や答弁内容をしっかりと監視する。野党議員の背後には、私たち主権者がいる。そのことを国会パブリックビューイングは、街角で、スクリーンの前に集まる観衆というかたちで、可視化したと言える。

第　七　章

臨機応変な
番外編

「知る権利」に関する抗議行動

二〇一九年一月二十六日から三月一日にかけて、統計不正の問題を取りあげた緊急上映を屋内からのライブ配信で二回、街頭上映で四回おこなったあと、私も他のメンバーも忙しくなり、国会審議を追い続けて、それを緊急街頭上映で取りあげることが、難しくなった。

私は三月には、『呪いの言葉の解きかた』の原稿を集中して書き上げていたし、四月からは新入生を迎えた大学や大学院の授業の準備と新たな学内委員会の業務で忙しくなった。メンバーの真壁隆さんや特別ゲストの伊藤圭一さんは、いずれも労働組合の関係者で春闘の時期を迎えていたし、メンバーの横川圭希さんは、参議院選挙に立候補したおしどりマコさんのスタッフとしての活動に忙殺されるようになった。

私たちにとって国会パブリックビューイングは本業ではないため、頻繁に街頭上映を実施することは難しい。放送局であれば、スタッフをそろえて、毎週の番組づくりに取り組むことができるだろうが、私たちはそういう状況にはない。

そのため、三月以降、六月二十三日の一周年記念交流会までは、無理をしないことが長く続けていくためには大事であると話し合い、確認した。

そのなかで取り組んだのが、「知る権利」に関する三月二十六日の街頭上映と、「多様な働き方を選択できる社会」に関する四月九日の街頭上映、そして六月十三日の「香港の自由と民主主義を守る緊急行動」への、いわば「課外活動」としての参加だ。

「知る権利」に関する街頭上映は、三月二十六日に新宿西口地下広場でおこなった。三月十四日にMIC（日本マスコミ文化情報労組会議）が首相官邸前でおこなった抗議行動「FIGHT FOR TRUTH 私たちの知る権利を守る3・14首相官邸前行動」のスピーチの映像を紹介することを中心に置き、「菅官房長官記者会見における質問制限、質問妨害問題」と題しておこなった。国会審議を取りあげてきた国会パブリックビューイングの活動としては、いわば「番外編」である。首相官邸前抗議行動の様子を、解説付きで新宿西口地下広場に「出前」したものとも言える。

この「知る権利」の抗議行動は、菅義偉《すがよしひで》内閣官房長官の定例記者会見における、東京新聞の望月《もちづき》衣塑子《いそこ》記者に対する質問妨害をめぐって、おこなわれたものだった。

菅官房長官の記者会見の場で、司会進行を担う上村《うえむら》秀紀《ひでき》官邸報道室長は、直截《ちょくせつ》に問題をつきつけるスタイルの望月記者の質問への指名を後まわしにし、質問が始まれば、十数秒ごとに「簡潔にお願いします」と口をはさんで質問を妨害し、質問数も二問程度で打ち切っていた。菅官房長官は、望月記者の質問に対し、「まったく問題ない」など、まともに答えない姿勢を続けていた。

さらに、望月記者が、沖縄県名護《なご》市・辺野古《へのこ》への米軍新基地建設に関して、二〇一八年十二月二十六日の記者会見で「埋め立て現場では、これ、いま、赤土が広がっております」などと言及したあとでは、上村室長が、それらを「事実に反する質問」と断定し、「当該記者による度重なる問題行為」について、「問題意識の共有をお願い申し上げる」と求めた申し入れ書を、十二月二十八日に内閣記者会宛に出した。

この事態に対して、二月五日には新聞労連が抗議声明を発表。他団体も続いて抗議声明を出した。しかし、二月二十六日の記者会見では、「この会見はいったい何のための場だと思ってらっしゃるのでしょうか」と望月記者が問うたのに対して、菅官房長官は「あなたに答える必要はありません」と言い放つなど、硬化した態度を続けた。

そこで新聞、印刷、放送、出版などの労働組合の連合体であるＭＩＣが、三月十四日に「知る権利」をテーマに、首相官邸前で抗議行動を展開したのだった。[*1]この抗議行動に、私は個人の立場で参加した。国会パブリックビューイングのメンバーの真壁さんも、個人の活動として、この抗議行動の全体を現場で映像に収め、みずからのユーチューブチャンネルで公開していた。[*2]抗議行動では、新聞労連の南彰委員長をはじめとするマスコミ関係の労働組合の方々がスピーチしたほか、現役の新聞記者や国会議員によるスピーチもあり、記者クラブの現状や「知る権利」が侵されている状況への危機意識などを、多角的に知ることができた。

そこで三月二十六日の国会パブリックビューイングの街頭上映では、菅官房長官の記者会見における望月記者と菅官房長官の実際のやりとりの映像を紹介したうえで、「知る権利」をテーマにした官邸前抗議行動のスピーチを抜粋して紹介しようと、当初、私は考えた。しかし、「国会審議映像を上映しないのなら、国会パブリックビューイングではありません」と、真壁さんから反対された。

真壁さんは、ふだんは口数が少ないが、言いたいことは、はっきり言う人だ。そこで、二〇一八年十二月二十八日に上村官邸報道室長がおこなった内閣記者会への申し入れについて、「政府の見解と異なる立場で質問すればこうなるよという見せしめじゃないですか」と問うた二〇一九年三月二十二日の参議院予算委員会における田村智子《たむらともこ》議員（日本共産党）による菅官房長官に対する質疑も、上映内容に取り入れることにした。[3]

三月二十六日の街頭上映では、三月十四日の「知る権利」に関する首相官邸前抗議行動のスピーチについては、望月記者のスピーチを含め、九人のスピーチを選んで紹介した。そのうち、ふたりの現役記者の発言のポイントを紹介しておこう。

望月記者の同僚である東京新聞社会部の柏崎智子《かしわざきともこ》記者は、菅官房長官の記者会見における質問妨害問題を、「面前ＤＶ」のようだと語った。面前ＤＶとは、たとえば、夫が妻を殴るのを子どもが目の前で見ているというように、ドメスティック・バイオレンスを見せられることを指す。虐待の一種ととらえられているものだ。柏崎記者は、上村室長の質問妨害が、望月記者のことをいじめていると同時に、その場に居合わせた多くの記者にも同じようなトラウマを抱えさせることになるものだと指摘した。そして、ＤＶの本質は支配であり、記者会見の場を支配し、記者を支配することによって、報道の自由が奪われていくことを認めてはいけないと語った。

神奈川新聞の田崎基《たさきもとい》記者は、「怒ってる人、手、あげて！」「はーい！」というユニークなコールを披露したあとで、これは「望月衣塑子さん問題」ではなく、「権力者が傲慢になっている問題」としてとらえなければいけないのだと語った。

「多様な働き方を選択できる社会」とは

続いて、四月九日には、「『多様な働き方を選択できる社会』とは⁉ 働き方改革関連法の4月施行を受けて」と題し、新宿西口地下広場で、全労連の伊藤さんをゲスト解説に迎えて、街頭上映を実施した。[*4]

働き方改革関連法のうち、時間外労働の罰則付きの上限規制と高度プロフェッショナル制度が、二〇一九年四月に施行された（上限規制は、中小企業については二〇二〇年四月施行）。そのタイミングを受けてということもあったが、安倍晋三首相が「令和」の新元号に言及した四月一日の記者会見の発言を、批判的に検討しておきたいという意味合いもあった。

安倍首相は記者の質問に答えるかたちで、次のように語っていた。[*5]

同時に、急速な少子高齢化が進み、世界がものすごいスピードで変化をしていく中で、変わるべきは変わっていかなければなりません。平成の30年間ほど、改革が叫ばれた時代はなかったと思います。政治改革、行政改革、規制改革。抵抗勢力という言葉もありましたが、平成の時代、様々な改革がしばしば大きな議論を沸き起こしました。他方、現在の若い世代、現役世代はそうした平成の時代を経て、変わること、改革することをもっと柔軟に前向きに捉えていると思います。ちょうど本日から働き方改革が本格的にスタートします。70年ぶりの労働基準法の大改革です。かつては何年もかけてやっと実現するレベルの改革が、近年は国民的な理解の下、着実に行われるようになってきたという印象を持っています。

そうした中で、次の世代、次代を担う若者たちが、それぞれの夢や希望に向かって頑張っていける社会、一億総活躍社会をつくり上げることができれば、日本の未来は明るいと、そう確信しています。

安倍首相はここで、働き方改革関連法の施行について、「抵抗勢力」による反対がありながらも、「国民的な理解」を得て、大改革をスタートさせることができたかのように語ったのだ。

これは事実の改竄《かいざん》と言える。つい一年前に、野党や労働団体、「全国過労死を考える家族の会」などの強い反対を押し切って、高度プロフェッショナル制度を導入する法改正をおこなった安倍首相が、「かつては何年もかけてやっと実現するレベルの改革が、近年は国民的な理解の下、着実に行われるようになってきたという印象を持っています」と語るのは、とても悪質な事実の改竄だ。

また、「抵抗勢力」への言及と、「現在の若い世代、現役世代はそうした平成の時代を経て、変わること、改革することをもっと柔軟に前向きに捉えていると思います」という言及を対比させることによって、「国民的な理解」に同調しない者は、「変わるべき」ものを変えようとしない「抵抗勢力」であるかのように印象づけている。

どんなことが、なぜ変わるべきなのかを語らずに、自分が進めた政策こそが正しく、支持されるべきものであると位置づける。そのような安倍首相の姿勢は、二〇一四年十二月の衆議院選挙で「景気回復、この道しかない。」というスローガンを自由民主党が掲げたときと同じ、独善的なものだったと言える。

そこで街頭上映では、働き方改革関連法の概要を振り返りながら、狙われていたのは、長時間労働の是正ではなく、「多様な働き方が選択できる社会」の実現であること、そしてその「多様な働き方が選択できる社会」とは、労働法制を岩盤規制と位置づけて、そこに穴をあけることを指しており、それを当たり障りのない言葉で表現したものであることを説明した。

説明にあたっては、『第1話　働き方改革――高プロ危険編』に収録した国会審議映像を抜粋して紹介するとともに、私が講演で用いてきた、労働市場をプールにたとえた図解を使った。

市民プールはたいてい、泳ぎがうまくない人も利用できる「一般向け」と、泳ぎが上手な人だけに利用を限定した「上級者向け」に、レーンが分かれている。高度プロフェッショナル制度や裁量労働制は、管理監督者とともに、いわばプールの「上級者向け」にあたり、労働基準法の労働時間規制を緩和もしくは適用除外して、規制にとらわれずに労働者にバリバ

労働市場をレーンで分けられたプールにたとえたパワーポイントのスライド。「雇用によらない働き方」は、労働基準法による規制がないため、波の荒い「海」にたとえた。〔©いらすとや〕

リと泳ぐ（＝働く）ことを求めるレーンだ。それに対して、労働基準法の労働時間規制が適用される一般労働者は、いわば「一般向け」の利用者だ。

そう考えると、働き方改革で「多様な働き方を選択できる社会」の実現を目指したことは、実際のところ、「一般向け」のレーンの数を減らして「上級者向け」のレーンの数を増やしたようなものだ。そのうえで「あなたはどちらのレーンで泳ぎたいですか」と問われれば、会社のなかでキャリアを積んでいくことを期待されている労働者は、「上級者向け」をみずから選ぶことを余儀なくされるリスクがある。

そうなると、「多様な働き方が選択できる社会」と言いつつも、実際のところは、労働時間規制を緩められた「上級向け」レーンで泳ぐ（＝働く）ことを多くの人が余儀なくされ、「一般向け」レーンの方は、子育てや介護などの事情を抱えた人のための、むしろ例外的なレーンに将来的には位置づけられていくのではないか。それはけっして「多様な働き方が選択できる社会」ではなく、労働基準法の労働時間規制の適用対象者の範囲が縮小し、ゆとりをもって安心して働ける環境が徐々に崩されていく社会ではないのか。そのことを街頭上映では問いかけた。

ちなみに、海で溺《おぼ》れている人が描かれている領域は、「雇用によらない働き方」の世界だ。そこでは、労働基準法が適用されず、同法によって守られることのない世界のなかで、リスクの大きい働き方が強いられることを示した。そして、そのような「雇用によらない働き方」が、「副業・兼業の推進」などのかたちで、働き方改革のなかでいっそう進められようとしていることを語った。

そのうえで、高度プロフェッショナル制度については、第五章で記したように、省令で濫用の歯止めがかかったことを紹介した。

さらに、伊藤さんより、時間外労働の罰則付きの上限規制の概要を説明していただき、各職場における時間外労働の上限設定にあたっては、法の上限より低い水準に抑えるために、労使で締結する三六《さぶろく》協定が重要であることを説明していただいた。

ニュースで報道されているような国会審議中の話題ではないため、入管法改正や統計不正の緊急街頭上映時のように多くの人に見てもらうことはできなかったが、私としてはこのタイミングで話しておきたいことだった。今後のさらなる労働法改正に関わる問題でもあるので、映像として記録に残しておくことにも意味はあったと考えている。

香港の自由と民主主義を守る緊急行動

もうひとつ、六月十三日に「課外活動」としておこなったのが、渋谷でおこなわれた「香港の自由と民主主義を守る緊急行動」への参加だ。これは国会パブリックビューイングとしておこなったものではないが、メンバーの真壁さんが緊急行動の場で香港デモの様子を街頭上映するのを、私を含め、国会パブリックビューイングのメンバー四人がサポートしたものだ。

この日、午後九時から十時までの予定で、渋谷・ハチ公前で緊急行動が予定されていた。奥田愛基《あき》さんが「この渋谷の抗議のやつ誰かでかいモニターとか持ってきて、香港の映像流せないのかな。。。。」とツイッターでつぶやいたのが、当日の午後四時三十五分。五時五十四分に真壁さんが「手配できないか、鋭意確認中です。だめだったらごめんなさいm（＿＿）m」と返信。

真壁さんは、街頭上映できる映像の準備にすぐに動いたらしい。そこで私も手伝いに行くことにして、真壁さんと私、さらに国会パブリックビューイングのメンバー三人の合計五人で、夜八時に渋谷で待ち合わせた。真壁さんは、映像を収録したノートパソコンとモバイルプロジェクター、ミニサイズのバッテリー、スクリーン用のプラスチックボード、スクリーンを支えるための延長ポール、ビデオカメラ、三脚、トラメガなど、上映機材一式をひとりで全部担いで現れた。

そうして、いっしょに現地でプラスチックボードを貼り合わせてスクリーンを作り、機材を組み立て、その場にいた人にポールを持ってもらうなど手伝ってもらい、香港の街頭デモの様子を、ハチ公前でおこなわれる緊急行動の開始前から、投影することができた。

緊急行動が始まってからは、こちらの上映機材は私たちメンバーが見守り、真壁さんは代わる代わるスピーチをする人の前に立って、ビデオカメラでその映像を収録し、ユーチューブのライブ配信とペリスコープのライブ配信を、一時間四十分あまりにわたっておこなった。[*6]スピーチ開始後は、香港デモの映像については、音量をオフにして上映を続けたが、その後、上映のために真壁さんが持ってきたトラメガが、おおいに役立つことになった。

主催者はトラメガを用意しておらず、小さなハンドマイクでスピーチをおこなっていたので、参加者が多くなると話している内容が聞き取りづらくなっていた。そこで主催者側に、真壁さんが持ってきたトラメガをその場で貸して、スピーチに利用してもらうことにしたのだ。

その後、さらに参加者が多くなったため、上映は中断してスクリーンをたたみ、機材も片付けて、終了まで機材を預かりつつ、私たちは集会に参加した。集会終了後、真壁さんは撮影を終え、再びトラメガを含め、すべての機材をひとりで担ぎ、電車で帰っていった。

映像機材全般に詳しく、こういう機動力のある人は、労働組合のなかにどのくらいいるのかと、メンバーの横川さんが伊藤さんに尋ねたことがある。二〇一八年十一月十八日の新宿駅南口での街頭上映時のことだ。伊藤さんは「真壁しかいない」と答えていた。

二〇一九年三月一日、四谷で「毎月勤労統計への政治介入問題」を屋内から緊急ライブ配信したさいには、配信の技術スタッフを務めた横川さんと、私と、ゲスト解説に来ていただいていた伊藤さんで、配信の最後の雑談でその話題になり、真壁さんのような人を労働組合で組織的に育成して技能を継承したほうがいいよねと「真壁さん増産計画」を語り合った。*7

一周年記念交流会でノウハウを伝達

そのようにして、できる範囲のことをやって迎えた一周年の節目。私たちメンバーの身動きがとりにくくなっているなかで、このタイミングでイベントをやるのなら、私たちのノウハウを関心のある人に伝達するのがよいだろうと考えた。そこで六月二十三日の日曜日に、四谷のレンタルスペースでメンバーがそれぞれノウハウ伝達のブースを設け、参加者には自由にまわってもらうことにした。

それに先立つ六月十二日に、私は日隅一雄・情報流通促進賞の奨励賞を、国会パブリックビューイングの活動によって受賞していた。その副賞十万円の使途としても、「情報流通促進」の場としてのそのような交流会の実施が適切と考えた。そこで、副賞全額を国会パブリックビューイングに寄付するとともに、それを会場費や会場の軽食費などに充てることとした。

一周年記念交流会は、六月二十三日の午後六時から九時三十分まで、四谷のレンタルスペースで開催。冒頭より三十分間、代表の私が挨拶するとともに、一年間の活動を画像で振り返った。そのあと六時三十分から九時までは、次ページのように七つのブースを設け、参加者が関心のあるブースに自由に参加してもらった。

緊急街頭上映でゲスト解説を担っていただいた伊藤さんと中村優介弁護士にも「法律ってどうやって作られるの?」というブースを開いてもらった。

そして、「京都で国会パブリックビューイング」の皿倉のぼるさんにも、ミニマム上映方式を紹介するブースを開いてもらった。

その後、午後九時からの三十分間は、当初は、横川さんが『真壁さんの一年』という映像作品を制作し、裏方としての真壁さんの活躍ぶりを紹介することを考えていた。けれども、横川さんは参議院選挙の選挙スタッフとしての仕事が忙しくなって作品制作の時間はとれなかったため、国会パブリックビューイングのメンバーと伊藤さん、中村弁護士がそれぞれ順に、振り返りコメントをおこなうかたちを取った。

横川さんからは、横に座る真壁さんに向けて、こんなコメントがあった。

(国会パブリックビューイングの活動が)始まったころは、とても真壁さんと僕は、ね、いろんなとこでぶつかってね。もう、この人、何言ってるんだか、全然、わかんないっ

国会パブリックビューイング
KOKKAI PUBLIC VIEWING

1周年記念交流会

2019年6月23日(日)18:00−21:30@四谷

●第1部:(18:00-18:30)主催者挨拶・国会PV1年を振り返って／第2部企画紹介
●第2部:(18:30−21:00):各ブース展開(ご自由におまわりください) (1)街頭上映機材あれこれ 国会PVの街頭上映機材セットやよりコンパクトな機材を実物でご覧いただき、機器の接続方法や上映場所の選定、ツイキャスやペリスコープ配信などについて、メンバーの横川圭希が相談に乗ります。 (2)街頭上映準備・映像活用あれこれ 映像ダウンロード・編集、字幕の作成、YouTube配信、DVD作成など、国会PVの映像制作・活用に関わる様々なスキルについて、メンバーの真壁隆が相談に乗ります。 (3)街頭スクリーン活用法あれこれ 国会審議映像じゃなくても、パワポでポイントを紹介したり、グラフを紹介したり、国会議員のツイートをスライドショーで上映してみたり。スクリーンを使った街頭行動の各種アイデアをメンバーの山田真吾が紹介します。 (4) インパクトプラカと、あなたにもできる！チラシの渡し方 スタンディングのプラカの例を展示し、目を引くプラカづくりのコツについて、デザイン担当メンバーの青木まり子が相談に乗ります。また、チラシやティッシュ配りのコツについて、メンバーの武市佳平莉が紹介します。 (5)「京都で国会パブリックビューイング」街頭上映実践紹介 ミニマム方式から大画面上映まで、さらに室内上映など、さまざまに活動を展開している「京都で国会パブリックビューイング」より、小さな画面でも目立たせる方法をはじめ、出前上映や企画の立て方、会場のマッチングなど、ノウハウを皿倉のぼるが伝授します。電飾デコレーションの紹介も。 (6)法律ってどうやって作られるの？ 法案審議は採決前に初めて注目されがちですが、より早い段階での関与が実は重要です。全労連・伊藤圭一さんと日本労働弁護団・中村優介弁護士と一緒に、法案が作られるプロセスへの関与のあり方を、働き方改革関連法を例に、話してみませんか。 (7)「呪いの言葉の解きかた」実践編 代表の上西充子とともに、「呪いの言葉」とその「切り返し方」を付箋でどんどんアイデア出ししてみましょう。上西充子『呪いの言葉の解きかた』(晶文社)の販売も行います。よろしければお読みになった方の感想も聞かせてください。
●第3部:(21:00-21:30) 終わりに

※会場は禁煙です。アルコール類の持ち込みもご遠慮ください。

国会パブリックビューイング1周年記念交流会のプログラム。当日、参加者に配布したもの。

ていうね。

（真壁さんは）鉄腕アトムみたいなことを言うんで、冷静に、定量的なことを真壁さんは言うんで、僕は、どっちかというと、感覚的な人間なので、そこで、超ぶつかってたりはしたんですけれど、真壁さんがやることっていうのは、もう、やることなすこと、もう、ちょっと映像屋には考えられないような、そんな手間をかけてるんだみたいな。

しかも、昼間、仕事してるんでしょ、っていう、おかしな人で。でも、そのおかしな人と、ちゃんとしているはずの上西さんがやっぱり、あの、ちょっと発想がおかしな人で、「こんなこと、できるわけねえだろ」ってことを、チャット内（ツイッターのＤＭのこと）で、流れてくるんですよ。

すごいそれが、速いパスで、二メートルぐらいでシュート並みのパスを出すぐらいのものを、真壁さんが受けるんですね。そういう連続を見ていると、やっぱり……

でも、真壁さんは、意外とちゃんと断れない人で、全部、受けていくんですね。で、なんとかするっていうのを。で、なんとかするっていうのは、すごい大事で、本当は昔は、マスコミも持っていたメンタリティなんですけれども、いまは、なんとかするって言って失敗するよりも、失敗しないことだけ選ぶっていうのがマスコミには蔓延《まんえん》してて、だから、いろんなことが、流れなかったりするんですよ。

隠匿《いんとく》・隠蔽《いんぺい》みたいなことを、みんな言いますけれど、そうじゃなくて、怠慢なんです、単に。で、僕は、そういうこと、ダメだと思ってたんだけど、真壁さんほど勤勉にはな

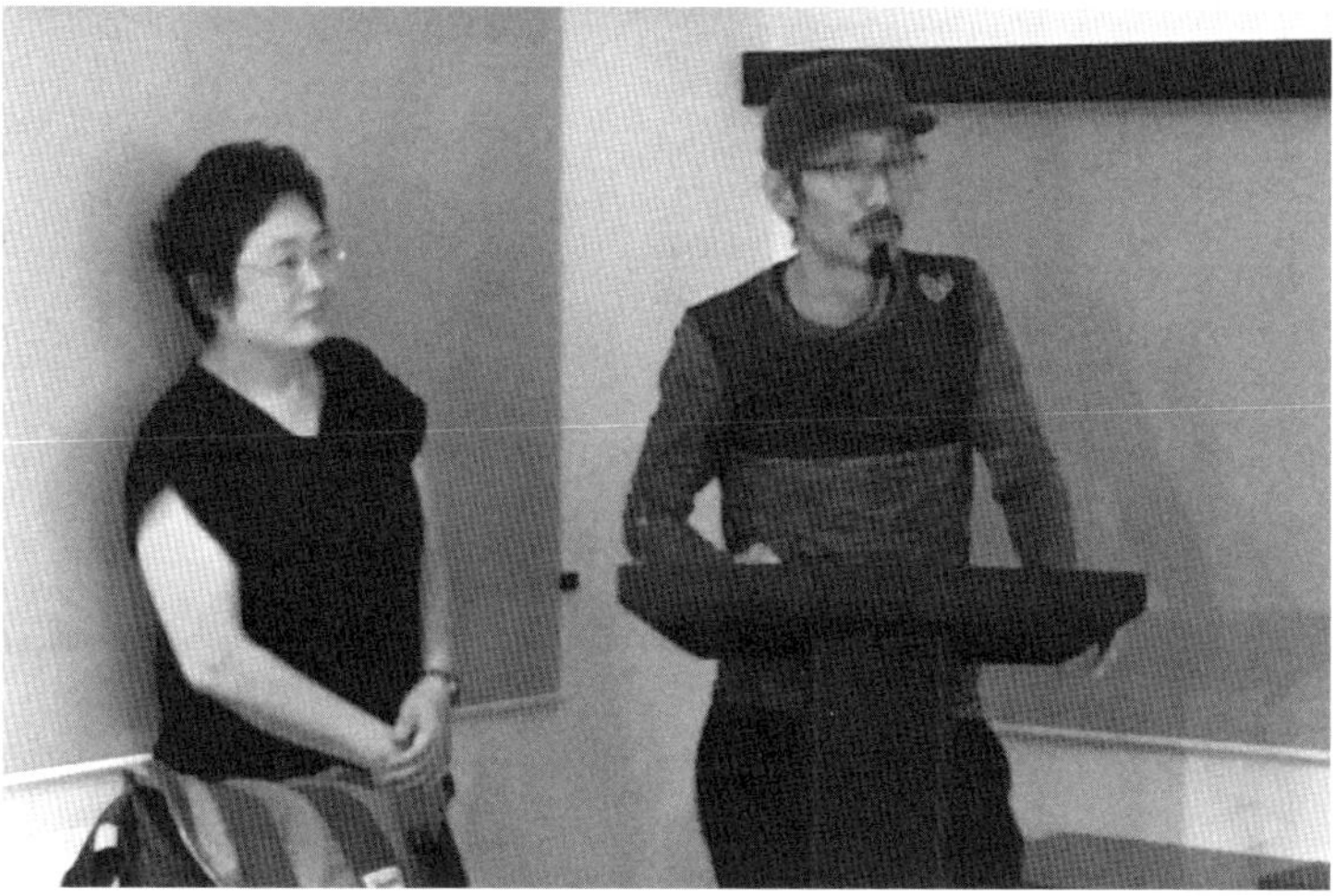

一周年記念交流会で、メンバーの真壁隆氏について語る横川圭希氏(右)。四谷のレンタルスペース。2019年6月23日。

れないんですけど、真壁さんの勤勉さっていうのは、たぶん、労働組合とか、そういうことで、学んでこられたんだろうなと思って、労働組合の人に、「真壁さんみたいな人はどの程度いらっしゃるんですか」って訊いたら、「真壁しか全国でいません」って（笑）、誰に訊いても言われるんで、あ、この人、やっぱり、天才でスペシャルなんだってことを、ま、ほんとに、尊敬してます。

これを聞いていたメンバーの山田真吾さんが続いて、「いま、後ろで聞いていて、伊藤さんと、結婚式のスピーチみたいだねって話をしていて。新郎新婦への言葉、みたいな」とコメントした。

振り返ってみれば、国会パブリックビ

ューイングのメンバーが初めて会食して顔合わせをした二〇一八年七月九日。真壁さんは、街頭上映数の年間目標を立てようと提案したのだが、横川さんは「そういうところが、労働組合のダメなところなんですよ」と即座に却下していた。同年八月三日の第一回シンポジウム終了後は、真壁さんが撮影した映像をすぐに公開しようとして、映像の質にこだわる横川さんとのあいだに摩擦が生じた。

けれど、この日のスピーチで横川さんが語ったように、横川さんは、真壁さんだからこそのこだわりや、真壁さんだからこその勤勉さを理解し、尊重するようになり、それぞれが自分ができることとできないことの面で、認め合う関係になっていったように思う。

国会パブリックビューイングのメンバーは、当初、似たような問題意識を持っていたからこそ、いっしょに組もうということになったわけだが、同時に、それぞれに異なるこだわりも持っていた。目指すところも、おそらくは必ずしも同じではない。そのなかで、異論はちゃんと出しあおう、そして、その人しか持たない専門性や、その人にしかできないことについてはリスペクトしあおう、という方針を、横川さんは当初から示していた。

そうして、最初はメンバー間で微妙なバランスを取り合っていたが、だんだんおたがいの息づかいがわかるようになっていき、私たち国会パブリックビューイングは、曲がりなりにも活動を継続しながら、一周年を迎えることができた。

第　八　章

小さなメディアが開いた可能性

一年間の活動を振り返る

二年目に入ったところで、これまでの活動を振り返り、国会パブリックビューイングが開いた可能性について考えてみたい。

私たちが一年目にやってきたことは、二本の番組制作と三十五回の街頭上映、二回の屋内からのライブ配信、シンポジウムや上映交流会などの十三回のイベント実施、番組の配信や街頭上映などの動画配信、ＤＶＤの作成と配布……その程度にすぎない。国会パブリックビューイングの活動に街頭上映や交流会などで実際に接した人の数も、ネットを通じて動画を見た人の数も、限られている。

このように、接点があった人の数は限られているが、私たちの活動には新しい意義があり、その活動に触れた方たちが、私たちの手を離れたところで今後の活動を展開していく可能性もあると考えている。そのことについて記してみたい。

フリースタイルの表現活動

国会パブリックビューイングは、自由な表現活動の幅を広げた。「#テレビが流さないなら街で流そう」が、活動を始めた当初の私たちの合言葉だった。既存のメディアに、これを報じてくれと求めるのではなく、なぜ報じてくれないのかと批判するのでもなく、私たち自身がメディアになる。私たち自身が、伝えたいと思うものを、伝えたいと思うかたちで、伝えることができる。その自由さと、活動としての可能性の広さが、最初に注目を集めた点だった。

街頭行動だからといって、スピーチが中心にならなくてもいい。映像に語らせればいい。プロジェクターとスクリーンを街頭に持ち出して、国会審議映像に語らせることを中心に位置づけたのが、国会パブリックビューイングの特徴だ。

大型のモニターがなくても、プロジェクターと充電式バッテリーと布製のスクリーンとノートパソコンがあれば、映像の上映ができる。いや、それらさえ必ずしも必要ではない。モバイルプロジェクターがあれば、充電式バッテリーはいらない。布製のスクリーンがなくても、ホームセンターに売っているプラスチックボードを貼り合わせて、ポールで固定すれば、折り畳み式のスクリーンができあがる。投影できる壁面があれば、スクリーンもいらない。

データは、ノートパソコンではなく、スマートフォンに保存して接続してもよい。さらに、大きめのノートパソコンとスピーカーだけでも、画面は小さいけれど、映像を見てもらうことはできる。なんなら、大きめのｉＰａｄの画面を、両手で持って立ってもいい。

ある程度の機器操作のスキルがあれば、このように、いろいろなスタイルでの街頭上映が可能である。

デモと違って、道路使用許可は取らなくていい。シンポジウムと違って、会場を借りなくていい。機材によって活動の時間帯は制限されるし、雨の心配もあるけれども、届けたい内容を、届けたいタイミングで、届けたい場所で提供することができる。必ずしも人通りが多い場所が好立地なわけではなく、じっくり見てもらうことが目的であるのだから、人通りが少なめの場所や、静かな場所の方が街頭上映に向いていることもある。場所によってどんな反応が返ってくるのか、どのくらいの時間に始めて、何分ぐらいの展開にするのか、工夫してみる面白さがある。

路上で何を流すかも自由だ。私たちは論点に沿って国会審議を切り出して、解説をあいだに挟んだが、同じスタイルを取らなければいけないわけではない。

私たちの取り組みが注目を集めたすぐあとに、高円寺などで「街角国会上映」に乗りだしたグループの場合は、二〇一八年七月二十日の立憲民主党・枝野幸男代表による内閣不信任決議案の趣旨弁明演説[*1]も上映コンテンツに含めていた。趣旨弁明演説であれば、質疑ではなく演説であるため、論点も整理されており、聞いているだけで問題点がわかってくる。解説なしで上映する素材としては適している。編集する必要もないので、上映の難易度から考えても、比較的やりやすい。

注目する議員の国会質疑の内容を、そのまま流すのでもいい。野党議員が国会でどのような質疑をおこなっているかは、テレビで報じられる機会も少ないため、その議員の活躍を広く市民に知ってもらううえでも効果的だろう。

もともと私たちの活動は完全にオリジナルなものではなく、メンバーの横川圭希さんによれば、二〇一四年の春ごろに、市民が新宿西口（地上）の路上で、山本太郎議員の国会審議映像を上映したのが先駆けだろうという。山本太郎議員自身の街頭演説においても、プロジェクターやモニターを使って、演説の要点や説明用の図表などを映し、それを利用しながら演説をおこなうというかたちで、街頭行動での映像の活用が進められていった。

私たちが街頭上映を始めたあとには、日本共産党の吉良よし子議員や辰巳孝太郎《たつみこうたろう》議員なども、「パブリックビューイング」と題して、みずからが国会に立つ場面を街頭上映する取り組みを展開していった。

私たちは、独自のデザインのロゴやバナーについては、オリジナルなものとして他団体による使用を遠慮いただいているが、「国会パブリックビューイング」という名称については、自由に使っていただいてよいと伝えている。つまり、私たちは、固有名詞としての「国会パブリックビューイング」という団体であり、他方で普通名詞としての「国会パブリックビューイング」という活動は、どんどん自由にやっていただきたいという方針をとっているわけだ。

だから、有志のグループであれ、議員やその支援者であれ、あるいは政党であれ、独自に「国会パブリックビューイング」の活動を展開することは、むしろ歓迎している。国会議員のみなさんはスピーチに慣れているのでそれを活かし、みずからの国会審議を街頭で解説することにも、ぜひ積極的に取り組んでいただきたい。

また現在では、全労連などの労働組合の街頭行動にも、国会審議の映像やパワーポイントの説明スライドが取り入れられるようになっている。

映像とスクリーンを活用することの可能性は、まだまだ開拓できる余地が広い。たとえば、一枚の写真画像を投影することや、プラカード代わりに街頭行動の目的を記した一枚の画像を投影することだけでも、街行く人々の目を惹く。大きな横断幕などを作成しなくても、それに代わるものを投影することができるわけだ。

また、スライドショーの機能を使って、次々に画像やメッセージを表示させることもできるだろう。映像とともに音楽を流すこともできる。

私たちの活動が刺激になって、他の団体がそれを模倣し、応用する。他の団体が相互に刺激しあう。そうやって取り組みが広がっていけば、街頭行動の可能性も、もっと広がる。

さらに、応用の範囲は、街頭行動に限らない。室内上映会や意見交換会などに国会審議映像を活用することもできる。私たちが作成した番組『第1話　働き方改革――高プロ危険編』と『第2話　働き方改革――ご飯論法編』の映像や緊急街頭上映の映像はユーチューブで公開しており、ふたつの番組についてはDVDでも提供している。これらを独自に街頭上映することもできるが、集会所や貸し会議場、貸し切りのカフェなどで上映して、意見交換につなげることもできる。カフェでノートパソコンの画面でいっしょに映像を見て、その後にコーヒーを飲みながら語り合うといった取り組みをされた方もいる。DVDを家庭のプレーヤーに入れて知り合いといっしょに見るというのも、充分に市民活動だ。民家の縁側でパソコンの画面を道路側に向けて、通りかかった人に見てもらう取り組みも、ツイッターの画像で見かけたことがある。

二〇一九年二月からは、東京・駒場で、国会カフェという取り組みも独自に展開された。コーヒーや軽食とともに国会審議映像を見て意見交換したり、国会議員を招いて対談をおこなったり、国会や政治についてともに語り合う機会が、随時設けられた。

「大阪PV食堂」という団体は、与野党それぞれの国会質疑映像を室内で見て、語り合う会を、複数回実施している。「京都で国会パブリックビューイング」では、街頭上映のほか、将棋のように「国会感想戦」と題して、国会審議を振り返って語り合う会を実施したり、また、国会における与党議員の差別発言・問題発言を見て語り合う「国会肝試し」の会を開いたことがある。

異なる専門スキルを持つ者が組むことで可能になること

国会パブリックビューイングはまた、それぞれに異なる専門スキルを持つ者が組むことによって、市民運動や労働運動がより大きな力を発揮できることを示した。私たちは、ただ国会審議映像を街頭で流すのではなく、論点ごとに国会審議映像を切り出し、映像と映像の合間に解説を加えていくことによって、何が議論されているのかがわかりにくい国会審議を、ビジュアルとして、かつ、内容が理解できるかたちで、市民に街頭で示した。

私が国会審議を追って論点をとらえ、国会審議映像の切り出し指定をし、解説を組み立てる。

横川圭希さんが、映像の切り出し編集をおこない、委員会情報や字幕などを追加し、私の解説をビデオに収録して番組に作りあげる。

あるいは真壁隆さんが、同様に映像を編集して、緊急街頭上映のためのデータを用意し、当日のライブ解説付きの街頭上映の機材を整える。そして、街頭上映の様子を同時中継するとともに、当日の録画映像を、国会審議部分を元の審議映像に差し替え、より見やすくして後日にユーチューブで公開する。

青木まり子さんが、看板、リーフレット、ツイッターのアカウント画像、ＤＶＤの盤面などを、統一的でスタイリッシュなイメージでデザインする。

武市佳平莉《たけいちかおり》さんが、街頭上映が人の流れの邪魔にならないように、観衆の輪が広がりすぎないようにと気を配りながら、お菓子を渡していく。

そういったことは、どれも、メンバーのなかで、その人でなければ発揮できない専門スキルだ。そのようなそれぞれ独自の専門スキルを持ったメンバーが組むことによって、これだけの取り組みが可能となるということを示すことができた。

私ひとりでは、ツイッターでの発信やウェブ記事の執筆・公開はできるが、映像の編集ができないので、記事に映像をつけることはできない。街頭では、用意された場所でスピーチはできるが、スピーチに合わせた映像を準備することはできない。けれども、国会パブリッ

国会パブリックビューイングのリーフレット。左から、『第1話　働き方改革——高プロ危険編』と『第2話　働き方改革——ご飯論法編』。ロゴ・デザイン、表紙デザインは青木まり子氏。

クビューイングのメンバーと出会うことによって、国会審議映像を街頭に持ちだせるようになった。街頭行動に慣れているメンバーとともになら、みずから街頭行動を主催できるようにもなった。それによって、新たに問題提起をするときにも、記事を書く、街頭に出る、映像を活用するなど、とりうる表現手段が格段に広がった。

　横川さんも、もともと国会審議映像を街頭行動に活用することを国会議員に働きかけていながらも実現せずにいたなかで、私たちとの出会いがあり、国会パブリックビューイングの活動に乗りだした方だ。振り返ってみれば、横川さんは団体結成の前日の二〇一八年六月三十日の時点で、こうツイッターに書いていた。

地方も含めてこの可視化という動きが広がっていった時にどこまで有権者の脱カスタマー化が進むのか？　それを僕は見てみたいと思ってる。

「脱カスタマー化」とは、「お客さんの状態を脱する」ということだ。「この人なら票が集まりそう」「この人じゃ、パッとしない」などと、消費者のように政治家の選《え》り好みをするのではなく、「〇〇してください」と政治家にお願いするだけでもなく、自分たちが主権者として政治に関わることだ。そのような「脱カスタマー化」を実現するうえで、横川さんは、国会パブリックビューイングの活動に可能性を感じているのだろう。

真壁さんは、なぜ国会パブリックビューイングの活動に関わっているのかと尋ねたときには、「なりゆきですかね」と語っていた。たしかに経緯としては「なりゆき」だったのだが、最初の新橋SL広場の街頭上映の企画段階から、これを実現させたいという真壁さんの意気込みはツイッターのDMで感じていた。誰かの街頭行動を映像に収録して公開するだけでなく、みずからが関わる街頭行動を映像を使って展開したうえで、それを収録して拡散することもできるわけだから、真壁さんも手応えは感じているだろう。

ゲスト解説でたびたび参加していただいた全労連の伊藤圭一さんには、みずからの持つ知見を、労働組合の活動という範囲を超えて、広く提供していただくことができた。

このように私たちが組むことで、映像でも音質でもデザインでも内容においても、一定のクオリティを持った「作品」を、街頭で提供することができた。目を惹くスタイルであったこと、そして立ちどまって聞くに値する内容であったこと――どちらも国会パブリックビューイングが注目を集めた理由だろう。寄付をいただくことができているのも、一定のクオリティがあってこそだと考えている。

もちろん、限界はたくさんある。私は労働問題以外のテーマを取りあげることが難しいし、それぞれのメンバーは多忙であるため、頻繁な街頭上映はできない。そして、誰かが欠ければ、実現できる内容にも大幅な制約が生じる。各地に出向くことにも、予算や時間の制約がある。

だからこそ、私たちのように異なる専門スキルを持つ者が組むことによって、別のテーマを、別の場所で、取りあげる団体が独自に生まれてくるとよい。そうすれば、国会審議の可視化と監視が、全国各地で可能になる。

私たちが「国会パブリックビューイング@ウィキ」のサイトで、機材情報や街頭上映に関わる基礎知識などを公開しているのも、映像データを提供しているのも、ノウハウの共有と人的交流のための上映交流会を開いているのも、そのような広がりが生まれることに期待してのことだ。

労働組合には真壁さんのようなマルチな才能を持つ人は他にいないという話だったが、機材の取り扱いや映像編集などに関する研修の機会を組織的に設ければ、そういうスキルを持った人を労働組合のなかで各地に育成していくこともできる。そのうえで労働組合が独自に街頭活動を展開することもできるだろうし、各地の学者や弁護士などと組んでできることの幅も広がるだろう。視点を変えれば、学者や弁護士が機材操作や映像編集の専門スキルを持つ者と組むことによっても、これまでできなかった表現活動が可能だ。

見る人の視点に立つ

国会パブリックビューイングは、街頭行動の主催者に考え方のうえでも影響を与えた。私たちの街頭上映には、人が立ちどまる。立ちどまって、長くその場にとどまり、スクリーンの国会審議映像を見ながら、じっと考えてくれる。通常の街頭行動では、なかなかそのような反応は望めない。そのため、何がコツなのかと関心を集めたのだ。

具体的な工夫はいろいろある。「声をかけない洋服屋さん」方式で、あえて主催者側が呼びかけやチラシ配りなどをしないことによって、立ちどまることへの抵抗感を薄めていること。スクリーンがあることによって主催者に目を向けずにすみ、立って見ているさいに、緊張しないですむこと。トラメガではなく、キューブというストリート・パフォーマンス用のアンプを使っているため、人の話し声が聞きやすく、長く聞いていても疲れないこと。何を上映しているのかがわかるように、上映内容をテロップに入れたり、紙に書いてファイルケースに入れたりして、スクリーンのそばに立てておくことなど。

それらをまとめて表現すれば、主催者側の視点で実施するのではなく、足をとめてほしい

左から、柿の種、リーフレット、DVD、募金箱。新宿西口地下広場。2019 年 1 月 28 日。

人の視点に立って、その人の心情を想像しながら、どのような街頭行動を展開したらよいか考えるということだ。大きな音だと耳をふさぎたくなる。強い口調でもそうだ。断定的な言い方だと、押し付けられているように感じる。声をかけられそうなら、足早に立ち去りたくなる。その反対で、声をかけられず、スクリーン上の映像に目を向けて、落ち着いた説明に耳を傾けるだけであれば、比較的抵抗なく立ちどまりやすい。そして、自分で情報から何かをつかみとることができれば、それはその人の主体的な判断や行動につながる。

ついつい人は、「話を聞いてほしい」と思い、「伝えたい」という気持ちが強くなるあまりに、より大きな声で、より刺激的な表現を用いて、より危機感を前面に出して伝えようという方向に傾きやすい。けれども、そうすると、相手は引いてしまうのだ。

二〇一九年三月三十日に肉球新党主催の憲法セミナーで国会パブリックビューイングについて語ったさい、相手に伝わるためには、届くためには、何が必要かとの問いに対して、私は「相手への敬意」だと答えた。それは思想家の内田樹《たつる》氏の教えの受け売りなのだが、ツイッターにおける発信のさいにも心がけていることだ。押し付けるのではなく、強い口調も使わずに、相手に対して配慮をもって差しだして、それを受け取るか否かは相手の判断に委ねること。その方が、相手は受け取りやすく、そして、丁寧に深く受け取ってもらうことができる。

内田樹氏はブログ「内田樹の研究室」の二〇一三年十二月二十九日の記事「コミュニケーション能力とは何か？」[*2]で、こう記している。

「説得」というのは、相手の知性を信頼することである。

（中略）

説得するためには対面している相手の知性に対する「敬意」をどんなことがあっても手放してはならない。

何のために街頭に出ているのかと言えば、何かを届けたいからなのだ。そうであれば、届けるために相手への敬意を失わないという姿勢は、常に忘れてはいけないことだと思う。

国会を少しだけ身近に

そして、もうひとつ。国会パブリックビューイングは、国会を少しだけ身近なものにした。政治を少しだけ身近に語り合えるものにした。「野党は反対ばかり」「野党はパフォーマンスばかり」「野党はだらしない」などの言葉によって、「国会なんて見るだけ無駄」といった印象が意図的に振り撒かれているなかで、私たちが主権者として国会を見守ること、監視することが重要であると、見た人に実感してもらうことができたのではないだろうか。

ＮＨＫの国会中継が面白くないのは、ただ国会審議の様子を流しているだけなので、どんな問題がどのように議論されているかがわかりにくいからだ。政府側は「ご飯論法」のように論点をわざとずらした答弁をして、問題の核心に迫ろうとする野党議員の質疑をかわそうとするし、くだくだしい説明で野党の質疑時間を奪おうとする。だから話の筋が見えにくい。けれど、そこに解説が加われば、質疑の内容が見えてくる。論点ずらしや時間稼ぎが政府与党の国会戦略であることが見えてくれれば、「ひどいよね」という見方も、見ている者同士で共有できるし、その戦略をどう突破していくかという野党議員の攻め方にも目が向くようになる。

本当は、野球やサッカーといったスポーツ中継で、選手の紹介やチームの戦術の特徴が紹介され、いまのはどういうプレーだったのかがスローモーションで振り返って解説されるように、国会中継でも、現在進行しているのはどういう場面なのかが随時解説されるとわかりやすい。ただし、野球やサッカーは言葉を交わさないゲームだが、国会は言葉を駆使して問題に迫る討論の場であるため、同時中継で解説を挟むことができない。

だから、国会審議の様子を振り返りながら、その解説をあいだに挟み込んでいくようなかたちがわかりやすい。いまの質疑では何が問われ、いまの答弁ではそれにどう答えたのか、答えなかったのか。解説が入ることによって、質疑の内容を理解しながら追っていくことが可能になる。それはTBSラジオ『荻上チキ・Session‐22』の手法であり、私たちは、それに倣って街頭上映をおこなった。同じような手法で『今日の国会ダイジェスト』のようなかたちでテレビでも定例番組化してほしいと願うが、市民運動・労働運動にもその手法は取り入れることができる。

スピーチが中心の街頭行動だと、この法案にはどんな問題点があるのかはわかるが、では、その法案審議に私たちがどう関与できるのかが、わかりにくい。けれども、法案審議の過程を映像によって解説付きで日々追っていくことができれば、その審議の過程で個々の野党議員が何をどう追及しているのか、その議員の姿や語り口とともに見えてくる。各党の法案への向き合い方も見えてくる。それを日々、見ていれば、私たちの代表として国会議員がいて、その国会議員が私たちの暮らしに関わる法律の審議をおこなっている最中なのだということが、体感できるようになる。

法案の審議では、どうしても最終盤の与野党の攻防に注目が集まりがちだ。いよいよ採決かという状況になって、担当大臣の不信任決議案を野党が提出し、その決議案の趣旨弁明演説を本会議で野党議員が時間をかけておこなう。あるいは、委員会採決の場がつかみ合いのような大混乱の状況に陥る。そうなって初めてニュースで取りあげられ、国会の外での抗議行動も活発になる。けれども、本当は、その前におこなわれる審議のプロセスにこそ、私たちはもっと注目する必要がある。

たとえば、裁判の傍聴に行くことを想像してみよう。ひとつの事件の裁判は、あいだをおいて、何度かの口頭弁論を開いて、判決が下される。そのひとつひとつの口頭弁論の傍聴に行って、いまはどういう段階で、今日の裁判所内でのやりとりにはこういう意味があったのだということを、口頭弁論のあとに支援者の集会で弁護士から解説を聞く。あるいは、係争中の当事者の声も、そこで聞く。そうやって裁判のプロセスに参加していると、最後の判決だけに意味があるのではなく、裁判で争うことそのものに、そしてその裁判のプロセスのなかで事実関係が明らかになっていくことにも、意味があるのだということがわかってくる。

それと同じような機能を、国会パブリックビューイングは果たすことができる。街頭上映を見て、考えたことを直接、議員に届けることもできるのだから、裁判の傍聴よりも、より深くプロセスに関与することも可能だ。いままさに、私たちのこれからの暮らしに関わることが国会で審議されていて、その審議の行方によって私たちの暮らしの前提が変わってくるのだということが実感できるようになれば、「国会なんて見るだけ無駄」「何をやっているのかわからない」と思わされていることの危険性にも、気づけるようになる。

そして、政治が私たちの暮らしに直接関わる問題であることがわかってくれば、政治についてより日常的に語り合うことの重要性も見えてくる。私たちが国会パブリックビューイングの室内上映の場で、上映と質疑応答という形式から変更して、上映の後に少人数による語り合いの時間を設け、その内容を全体で共有する時間も設けたことは、政治について私たちが率直に語り合う場のひとつのかたちを示したと言えるだろう。

先に紹介した国会カフェのイベントでは、イベント会場の隣の部屋でも、テーブルを囲んで来訪者同士のフリーのトークが展開されていた。「京都で国会パブリックビューイング」のイベントでも、意見交換の場が設定されている。何かの法改正に反対する集会とか、専門家の話を聞く講演会やセミナーだけではなく、自分たちが少人数で国会や政治について気軽に語り合える場——そういう場が、いろんなかたちで展開されていくことも、ひとりひとりの市民が、政治を自分たちの問題ととらえ、政治に参加していくきっかけになるだろう。

不断の努力と、後世への責任

国会パブリックビューイングの取り組みに関する機材情報などを掲載したウェブサイト「国会パブリックビューイング@ウィキ」に、私たちは「国会パブリックビューイングとは」という文章を載せ、こう記した。[*3]

国会パブリックビューイングは、現実の国会の審議の様子を街角で上映することで、「国民の代表機関」の実態を多くの人たちに向け可視化し、透明性を高めることを目的としています。そして、虚偽答弁やごまかし、論点ずらしや言い逃れ等の、甚だしく不誠実で民主的議論の精神にもとる行為への抑止効果を発揮していくことを目指していきます。

端的に言えば、国会の可視化による正常化を目指しているということだ。私たちは国会答弁の不誠実さを問題にする。それは、現政権を倒したいからではない。仮に現政権が倒れたとしても、こういう国会審議の現状が問題にされないならば、次の政権も同じことをくり返しかねない。

私たちは二〇一八年八月三日の第一回シンポジウムを「国会を、取り戻す。」と題した。これは、二〇一二年の第四十六回衆議院選挙における自民党のキャッチコピー「日本を、取り戻す。」を意識したものだ。国会をまともに機能させ、私たちの手に取り戻す。まともな審議の前提が崩れている現状を看過せずに、まともな審議がおこなわれる状態を取り戻す。そのことが必要であり、そのことに私たちは問題意識を持たなくてはいけない。

もちろん、個々の法案の是非を論じることも重要だ。取り組まれていない社会問題に取り組めと国会で求めることも重要だ。けれども、そのためにも、国会がまともに機能しているという前提がなければならない。その前提が崩されていることが問題なのだ。現在は、訊かれたことに答えずに論点を勝手にずらして答弁する、求められた資料を政府が出さない、求められた参考人の招致を与党が認めないなどの異常事態が常態化してしまっているため、審議の前提条件が成り立っていない。

私たちは、個々の社会問題や個々の法案について、ひとつひとつ、詳しく知ったうえで判断することはできない。だから、政府にその問題への取り組みを求め、国会議員にも予算委員会や厚生労働委員会などの各委員会における意味のある審議を求める。

国会は、法案を審議する場であるとともに、行政の監視機能も担っている。国会の場には、専門家や当事者も参考人意見陳述の場で意見が求められ、課題をより明確にする役割や、解決の方向性を提案する役割を担う。国会がまともに機能していれば、これらの仕組みによって、私たちがひとつひとつの法案に目を光らせなくても済むはずなのだ。

しかし、現実にはそうではない。だからこそ、私たちは国会に目を向ける必要がある。政治に目を向ける必要がある。そして、仮に政権が交替して、いまのような国会審議の状況が改善されたとしても、私たちはやはり、「国会におまかせ」であってはいけないだろう。国会を正常化し、社会をよりよくすることに、少しずつでも関与し続けることが大切だろう。

私は国会パブリックビューイングの活動を主催するようになってから、日本国憲法の第十二条の条文が実感できるようになった。

第十二条　この憲法が国民に保障する自由及び権利は、国民の不断の努力によつて、これを保持しなければならない。又、国民は、これを濫用してはならないのであつて、常に公共の福祉のためにこれを利用する責任を負ふ。

主権者は私たちであり、私たちが不断の努力によって、憲法が保障する自由や権利を守り続けなければいけないのだ。誰かが自由や権利を保障し続けてくれるわけではない。憲法が保障すると言っても、その自由や権利が侵されているときに、それを回復する努力をするのは、私たち自身なのだ。

国会の問題状況を、メディアが報じないなら、私たちが報じる。私たちがみずから、路上で論を立てる。声をあげる。そのための場も、路上で私たちが確保する。それを続けてきたのが、国会パブリックビューイングだ。そして、いっしょにスクリーンを支えてくれた人も、街頭上映に足をとめて国会審議をいっしょに見て考えてくれた人たちも、その活動の参加者だった。

街頭上映の方法や内容について、「もっとこうした方がいい」と意見する人に対して、メンバーの横川さんが、「じゃあ、あなたがやってみてください」と返していたのも、そういうことだ。批判するだけではなく、誰かに期待するだけでもなく、自分たちが動く。自分たちが当事者として、社会を変えていくことに関わり続ける。そういう姿勢がひとりひとりに根付いてこそ、この社会は「こんなはずじゃなかったのに」という状態に陥ることから、かろうじて守られていくのだと思う。

日本国憲法の第九十七条には、次のように、基本的人権の由来特質が記されている。

第九十七条　この憲法が日本国民に保障する基本的人権は、人類の多年にわたる自由獲得の努力の成果であつて、これらの権利は、過去幾多の試錬に堪へ、現在及び将来の国民に対し、侵すことのできない永久の権利として信託されたものである。

歴史を生きた人たちによって私たちに信託された権利。その権利を、私たちは守り、そして、後世の人たちに引き継いでいく責任がある。その権利を守ることを託されているのは、私たちだ。

そう実感できる手段を、私たちは、多様に、豊かに、持つ必要がある。国会パブリックビューイングも、そのひとつだ。今後も、参照され、応用される活動でありたいと考えている。

あとがき

三谷幸喜監督の映画『記憶にございません！』（二〇一九年）に登場する主人公の黒田啓介首相（中井貴一）は、市民の投げた石が頭にあたって記憶を喪失したのを境に、内閣総理大臣としての役割を生き直していく。支持率二・三パーセントの嫌われ者だった黒田首相が、国民のための政治をおこなおうとするとき、立ちはだかったのは、鶴丸大悟内閣官房長官（草刈正雄）。国民が願っているのは政治の安定だと圧力をかける鶴丸内閣官房長官に、黒田首相はこう語る。

どんなに澄んでいても、溜まった水はいずれ汚れます。

そのまま水を動かさずにおけば、汚れは澱《おり》となって沈んでいくだろう。しかし、その状況を「安定」と言い換えるならば、澱は溜まり続けるしかなくなる。ひるがえって日本の政治の現状を見れば、安倍晋三自民党総裁は、連続二期六年までだった総裁の任期を連続三期九年までと党則改定した。首相として戦後最長の通算在任日数を更新しつづけるなかで、二〇一九年九月十一日の内閣改造時にも、麻生太郎副総理兼財務大臣、菅義偉内閣官房長官、二階俊博幹事長、岸田文雄政調会長を続投させた。新陳代謝には程遠い。

映画では、心を殺して黒田首相に仕えていた井坂首相秘書官（ディーン・フジオカ）が、不透明な政治献金を断り、鶴丸内閣官房長官とも対峙《たいじ》していく黒田首相の姿を目にするうちに、こわばりを解き、精力を取り戻していく。政治が矛盾を蓄積し、官僚にその後始末を押し付ける状況が続けば、志《こころざし》ある官僚が力を発揮できる場も失われる。国民のためにと官僚を目指す人材も、枯渇していくだろう。

圧力をかけて異論を抑圧し、あるいは排除し、停滞を「安定」と言い換えてみても、矛盾が蓄積していくことは防げない。水底に溜まった澱を取り除き、澱が溜まらないように水の流れを生み出し、その流れを維持すること、そのために私たちひとりひとりが、何ができるかを考えて、「不断の努力」を積み重ねることが大切だ。首相が心を入れ替える奇跡は起きない。政治を変えるのは、私たちなのだ。

国会パブリックビューイングの活動に二〇一八年六月以降、相当な時間を割いてきたことを、どう思っているのかと、メンバーの横川圭希さんに同年の終わりごろに訊いてみたことがある。横川さんは「面白くなかったら、続けてません」と答えた。私もなぜ国会パブリックビューイングを続けているのか、端的に答えようとすると難しい。自分たちが主権者として政治に関わるということ、「不断の努力」を積み重ねるということ、それはどういうことなのか。国民主権とは、民主主義とは、どういうことなのか。

それを考えながら試行錯誤を続けてきた場が国会パブリックビューイングであり、その体験のなかからまた、考える手がかりが次々に出現した、そんな場でもあったと思う。

その様子をこの本にどこまで表現できたかはわからないが、本にまとめる機会をくださった集英社クリエイティブの三好秀英さんに感謝したい。三好さんとは、二〇一八年七月十九日に、新橋TCC試写室で『第1話　働き方改革——高プロ危険編』の試写会をおこなったさいに出会った。その後、緊急街頭上映のさいに、体が芯まで冷える寒さのなかでスクリーンを支えていただいたり、荷物番をしていただいたり、活動にいっしょに関わっていただきながら、ともに構想を練っていった。また、黒田梨絵さんには、綿密な校閲をいただいた。

権力を持つ者による言葉を通した抑圧にどう抗するかを取りあげた『呪いの言葉の解きかた』の着想は、二〇一八年五月。国会審議を解説つきで街頭上映するという国会パブリックビューイングの着想と実施は、二〇一八年六月。私たちひとりひとりが、力を取り戻すためには、という問題意識のうえで、このふたつは共通している。

ここに記したのは、二〇一八年六月の国会パブリックビューイングの活動の開始から、二〇一九年六月の一周年記念交流会までの内容だ。取りあげた時事問題の面からは、少し時間をあけた段階での刊行となる。けれども、ここに記した内容は、その後に展開することになる「桜を見る会」をめぐる国会情勢とも照らし合わせていただくと、より深く読んでいただけるのではないかと思う。

映画『新聞記者』（藤井道人監督、二〇一九年）のなかで、内閣情報調査室の若手官僚・杉原拓海（松坂桃李）に対し、上司の多田智也（田中哲司）は、内部告発を制止しようして、こう語る。

この国の民主主義は、形だけでいいんだ。

形だけの民主主義に内実を与えていくことは、一朝《いっちょう》一夕《いっせき》にはできない。たとえ首相が交代しても、あるいは政権交代が起きても、それだけでは変わらない。水底に積み重なった澱が深ければ、変わるために要する時間も長くかかるだろう。だからこそ、地道な取り組みが大切だ。本書もその一助となればと願う。

二〇二〇年一月

上西充子

註

第一章

＊1 上西充子「『朝ごはんは食べたか』→『ご飯は食べてません（パンは食べたけど）』のような、加藤厚労大臣のかわし方」（〈Yahoo! ニュース 個人〉二〇一八年五月七日）https://news.yahoo.co.jp/byline/uenishimitsuko/20180507-00084931

＊2 https://twitter.com/kamiyamakousetsu/status/993505661945200640

＊3 ただし、参議院インターネット審議中継の映像は、一定期間が経過した過去のものは消去されている。二〇二〇年一月十日現在、さかのぼれるのは二〇一八年十月二十四日のものまでである。

＊4 ハーバー・ビジネス・オンライン編『枝野幸男、魂の3時間大演説「安倍政権が不信任に足る7つの理由」』（扶桑社、二〇一八年）

＊5 なお、労働政策審議会は公（学識経験者）・労（労働団体）・使（使用者団体）の三者構成の審議機関であるが、裁量労働制の拡大と高度プロフェッショナル制度の導入については、労働側委員は反対していた。にもかかわらず、働き方改革関連法案要綱の諮問に対して労働政策審議会が「おおむね妥当」と認める答申をおこなったのは、労働側委員が交渉のテーブルから降りないためには、そうするよりほかなかったからだ。国会審議のなかで政府側は、法案要綱が労働政策審議会で「おおむね妥当」と答申されたことに何度も言及し、あたかも労働側委員も賛成していたかのような印象を与えようとしたが、労働政策審議会の答申は、そもそも「妥当」と「おおむね妥当」の二種類しかありえないのだ。

＊6 詳しくは、上西充子「裁量労働制　拡大でなく限定を　実態映したデータを出発点に」

(『Journalism』二〇一八年五月号)、および澤路毅彦・千葉卓朗・贄川俊『ドキュメント「働き方改革」』(旬報社、二〇一九年)を参照。

＊7　意見陳述原稿と配付資料は、次のとおり公開した。上西充子「データ比較問題からみた政策決定プロセスのゆがみ：裁量労働制の拡大は撤回を（公述人意見陳述）」(〈Yahoo! ニュース　個人〉二〇一八年二月二十一日) https://news.yahoo.co.jp/byline/uenishimitsuko/20180221-00081859

＊8　左記のURLの「提出時法律案」（働き方改革を推進するための関係法律の整備に関する法律案）の条文の末尾に、この法律案を提出する「理由」が付されている。http://www.shugiin.go.jp/internet/itdb_gian.nsf/html/gian/honbun/g19609063.htm

＊9　『議論白熱！　働き方改革法案――最大の焦点〝高プロ制度〟の行方』https://www.nhk.or.jp/gendai/articles/4138

第二章

＊1　「（上西解説あり）国会パブリックビューイング　#0615　新橋街宣」https://www.youtube.com/watch?v=wfbkOcXGJcw

＊2　「#0615新橋街宣（上西充子：法政大学教授）#0615仕事帰りの新橋デモ　スタンディング　二〇一八年六月十五日」https://www.youtube.com/watch?v=PZdU-6foOds

＊3　「（上西解説あり）#街頭テレビ・国会可視化プロジェクト　高プロ編　#テレビが流さないなら街で流そう」https://www.youtube.com/watch?v=DdGPOBQ33A4

＊4　「（上西解説なし）#街頭テレビ・国会可視化プロジェクト　高プロ編　#テレビが流さないなら街で流そう」https://www.youtube.com/watch?v=snFI3LiCX0A

＊5 〈国会パブリックビューイング＠ウィキ〉 https://w.atwiki.jp/kokkai_publicviewing

＊6 「【街頭上映用日本語字幕版】国会パブリックビューイング　第1話　働き方改革――高プロ危険編（収録映像一覧情報あり）」 https://www.youtube.com/watch?v=LQ71hlwBEVo
「文字起こし：国会パブリックビューイング『第1話　働き方改革――高プロ危険編』（本編五十五分）」 https://note.mu/mu0283/n/n55adb2faad08

＊7 「#国会パブリックビューイング　第1回シンポジウム『国会を、取り戻す。――国会可視化が政治を変える』二〇一八年八月三日」 https://www.youtube.com/watch?v=hnr3k7X7CB8

＊8 「【街頭上映用日本語字幕版】国会パブリックビューイング　第2話　働き方改革――ご飯論法編（音質改良版）（収録映像一覧情報あり）」 https://www.youtube.com/watch?v=wCZnUYtbfPs
「文字起こし：国会パブリックビューイング『第2話　働き方改革――ご飯論法編』（三十五分）」 https://note.mu/mu0283/n/n0ea025676786

第三章

＊1 第二章の＊6に同じ。

＊2 「国会パブリックビューイング　第1話　働き方改革――高プロ危険編　ダイジェスト版（収録映像一覧情報あり）」 http://www.youtube.com/watch?v=CSj88mQ4Dy0

＊3 【音声配信】「裁量労働制の方が労働時間が短い」という政府が示したデータは本当か？（上西充子×荻上チキ）▼二〇一八年二月十二日放送分（TBSラジオ『荻上チキ・Session-22』） https://www.tbsradio.jp/225117

＊4 ただし、このとき加藤大臣は、「異なる仕方で選んだ数値を比較していたことは不適切であり

ました」と詫びたものの、実際には、本質的に非を認めたお詫びではなかった。詳しくは、上西充子『呪いの言葉の解きかた』（晶文社、二〇一九年）の第4章を参照されたい。

＊5 労働政策研究・研修機構『裁量労働制等の労働時間制度に関する調査結果　労働者調査結果』（調査シリーズNo.125、二〇一四年五月）。なお、労働政策研究・研修機構は厚生労働省の外郭団体であり、この調査は、厚生労働省の要請に基づく調査である。

＊6 朝日新聞二〇一八年二月二十日「不適切資料、故意は否定　政府、3年使用　労働時間比較」をあわせて参照。https://digital.asahi.com/articles/DA3S13367226.html
なお、厚生労働省の説明によれば、安倍首相や加藤大臣はこの答弁の参考資料を見て答弁したということになっているが、実際の答弁ぶりから見て、この参考資料だけでなく、答弁の言いまわしについても、別に文書資料が用意されていたのではないかと私は考えている。ちなみに、このなかの一般労働者の「平均的な者」の「実労働時間（平均）」とされているものは、「平均的な者」の「一日の時間外労働の最長時間数」を尋ねてそれに法定労働時間の八時間を足し合わせて算出した数値であり、つまりは残業時間が一番長かった日を選んで尋ねた結果であった。そういう数値と、労働時間が一番長かった日を尋ねたわけではない裁量労働制の労働者の「労働時間の状況」（これは実労働時間とは異なる）とを比較したものがこの参考資料であって、そもそも比較に耐えるようなデータではない。

＊7 実際の発言は「雇用の予約」であるが、文意を取ると「解雇の予約」である。公式の国会会議録にも「解雇の予約」と記されている。

＊8 この最後の長妻議員の発言は、委員長の指名に基づかない議席からの発言であるため、会議録には残らない発言となっている。

＊9 「世界経済フォーラム年次会議冒頭演説――新しい日本から、新しいビジョン　平成二十六年

一月二十二日　スイス・ダボス、コングレス・ホール」https://www.kantei.go.jp/jp/96_abe/statement/2014/0122speech.html

＊10　「平成二十八年八月三日　安倍内閣総理大臣記者会見」https://www.kantei.go.jp/jp/97_abe/statement/2016/0803kaiken.html

＊11　この松本駅前における街頭上映の様子は、毎日放送『MBSドキュメンタリー　映像'18　バッシング——その発信源の背後に何が』（二〇一八年十二月十六日放送）においても、二〇一八年九月十六日の大阪駅前における街頭上映の様子とともに紹介された。

＊12　切り貼り編集によって印象操作ができてしまうことの例として、二〇一九年三月一日の衆議院本会議における小川淳也議員（立憲民主党・無所属フォーラム）による根本匠厚生労働大臣の不信任決議案に関する趣旨弁明演説を紹介した同日のＮＨＫ『ニュースウオッチ９』の報じ方がある。〈ハーバー・ビジネス・オンライン〉の同年三月六日の記事「小川淳也議員による根本大臣不信任決議案趣旨弁明を悪意ある切り取り編集で貶めたＮＨＫ」では、その切り貼り編集による印象操作の手法を具体的に論じた。https://hbol.jp/187300

＊13　他には、「上映手法のワークショップ」三十一パーセント、「街頭上映に関する交流会」二十パーセント、「その他」十二パーセント。

第四章

＊1　〈Yahoo! ニュース　個人〉に掲載した一連の記事を参照。https://news.yahoo.co.jp/byline/uenishimitsuko

＊2　この二〇一八年十一月十六日の有楽町における緊急街頭上映の映像は、二種類を国会パブリックビューイングのユーチューブチャンネルで公開している。街頭上映の様子をそのまま撮影したものは、次のとおり。https://www.youtube.

com/watch?v=PFjDcJmMPdA
国会審議映像をはめ込み編集したものは、次のとおり。https://www.youtube.com/watch?v=O-xFToZbBUg

＊3　二〇一八年十一月十八日の新宿駅南口における緊急街頭上映の映像は、次のとおり。http://www.youtube.com/watch?v=RuMz3wh_dEA

＊4　〈Makabe Takashi〉ユーチューブ https://www.youtube.com/channel/UCRvZiG9UnrXNkd4GtgNDUnA

第五章

＊1　国会の各委員会でどの議員がどれだけの持ち時間で質疑をおこなうかは、あらかじめ決められており、各議員はその持ち時間を超過することはできない。
通常は、その持ち時間は質問時間と首相や大臣などからの答弁時間の合計でカウントされるが（往復方式）、参議院の予算委員会は集中審議などを除き、基本的に「片道方式」を採っており、その場合は答弁時間はカウントされない。そのため、「片道方式」では、首相や大臣などがだらだらとした答弁によって野党議員の質疑時間を奪う事態を防ぐことができる。

また、委員長は、大臣などが答弁の準備ができておらず答弁に時間がかかる場合や、適切に答弁をおこなっていないと判断した場合には、「速記をとめてください」と指示し、この持ち時間のカウントを一時停止させなければならない。

委員長が速記をとめる指示をおこなわない場合、野党の理事が委員長席に出向き、速記をとめる指示を委員長が出すように求めることがある。問題が紛糾した場合は、速記がとめられたうえで、委員長席のまわりに与野党の理事が集まり、その後の議事進行について、委員長と協議をおこなうこともある。

＊2　上西充子「高プロのニーズ聞き取りについて、加藤厚生労働大臣が一月三十一日に虚偽答弁を

行っていたことが判明」〈Ｙａｈｏｏ！ニュース　個人〉二〇一八年六月八日。https://news.yahoo.co.jp/byline/uenishimitsuko/20180608-00086165

＊3　上西充子「働き方改革関連法案：高プロへの『ニーズ』に関し、加藤大臣が一月三十一日に披露していた悪質な『ご飯論法』」〈Ｙａｈｏｏ！ニュース　個人〉二〇一八年六月十日。https://news.yahoo.co.jp/byline/uenishimitsuko/20180610-00086306

＊4　この一月三十一日の加藤大臣の「こそあど論法」は、犬飼淳氏の二〇一八年六月十五日のｎｏｔｅ記事「【こそあど論法】加藤厚労大臣二〇一八年一月三十一日参議院予算委員会」で、視覚的にわかりやすいかたちで説明されている。https://note.mu/jun21101016/n/n26f2eafa5613

＊5　第一章の＊8に同じ。

＊6　受賞スピーチの文字起こし（映像つき）はこちら。「『現代用語の基礎知識』選　ユーキャン新語・流行語大賞トップテン『ご飯論法』受賞スピーチ　文字起こし　二〇一八年十二月三日」https://note.mu/mu0283/n/n01d795c41ad6

＊7　当日の緊急街頭上映の映像はこちら。「【高画質版】＃国会パブリックビューイング 政府統計不正問題 緊急街頭上映（新宿駅西口地下）二〇一九年二月六日」https://www.youtube.com/watch?v=8lU8GdVDLSU

＊8　この毎月勤労統計の不正をめぐる問題について、二〇一九年二月二十六日の衆議院予算委員会中央公聴会において、私は公述人として意見陳述をおこない、左記にその公述用原稿を当日に公開した。上西充子「統計の信頼性回復のためには、政府と与党はまず『不都合な事実』に向き合え」〈ハーバー・ビジネス・オンライン〉二〇一九年二月二十六日。https://hbol.jp/186676

＊9　詳しくは、上西充子「野党質疑の短縮要請は、与党の自信のなさの表れであり、法案審議の意

義を損なうもの」〈Yahoo! ニュース 個人〉二〇一七年十月二十九日。https://news.yahoo.co.jp/byline/uenishimitsuko/20171029-00077505

第六章

＊1 〈国会パブリックビューイング@ウィキ〉https://www65.atwiki.jp/kokkai_publicviewing/pages/19.html

＊2 東京弁護士会「新宿区によるデモ出発地として使用できる公園の基準見直しに関する会長声明」二〇一八年七月二十三日。https://www.toben.or.jp/message/seimei/post-511.html

第二東京弁護士会「新宿区の『デモの出発地として使用できる公園の基準』の見直しに反対する会長声明」二〇一八年七月二十五日。http://niben.jp/news/opinion/2018/180725180929.html

＊3 「デモが日本を変える――柄谷行人氏『9・11原発やめろデモ』でのスピーチ」(associations.jp事務局) http://associations.jp/archives/437 引用は、スピーチのオリジナル原稿に従った。

＊4 原作は、松田奈緒子『重版出来！』(小学館、二〇一三年～)。

＊5 「【高画質版】毎月勤労統計不正調査問題 緊急街頭上映 #国会パブリックビューイング 新宿駅西口地下 二〇一九年一月二十八日」https://www.youtube.com/watch?v=CPZdEA_SnRk

第七章

＊1 この間の経緯について、詳しくは、「官邸『質問妨害』ここが問題だ（南彰）」を参照。https://note.mu/otsukishoten/n/n58ff368da9df

また、三月十四日の「知る権利」の官邸前抗議行動については、村上良太氏が記事「首相官邸前で行われたマスメディア・ジャーナリスト・

市民の抗議集会〝FIGHT FOR TRUTH〟官房長官らの記者に対する不当な質問妨害に抗議」（日刊ベリタ、二〇一九年三月十五日）で紹介している。http://www.nikkanberita.com/read.cgi?id=201903150007035

＊2 「#0314知る権利 FIGHT FOR TRUTH 私たちの知る権利を守る3・14首相官邸前行動 二〇一九年三月十四日【高音質版】」https://www.youtube.com/watch?v=IEhMSTFTx6M

＊3 当日の街頭上映の様子は、「菅官房長官記者会見における質問制限・質問妨害問題 #国会パブリックビューイング」として映像公開した。https://www.youtube.com/watch?v=5uIT8557fjU
また、村上良太氏の記事「国会パブリックビューイングを見に行く 4 菅官房長官記者会見における質問制限・質問妨害問題」（日刊ベリタ、二〇一九年三月二十六日）にも、詳しく紹介されている。http://www.nikkanberita.com/read.cgi?id=201903262300382

＊4 当日の街頭上映の様子は、「『多様な働き方を選択できる社会』とは⁉ 働き方改革関連法の4月施行を受けて #国会パブリックビューイング 二〇一九年四月九日」として映像公開した。https://www.youtube.com/watch?v=boeh1PNgPQw
また、村上良太氏の記事「国会パブリックビューイング（四月九日）で語られた『働き方改革』とフランスのマクロン改革」（日刊ベリタ、二〇一九年五月五日）において、フランスのマクロン大統領による労働法改正と関連づけられながら、紹介されている。http://www.nikkanberita.com/read.cgi?id=201905050922090

＊5 「平成三十一年四月一日 安倍内閣総理大臣記者会見」https://www.kantei.go.jp/jp/98_abe/statement/2019/0401singengou.html

＊6 真壁隆氏によるユーチューブのライブ配信映像はこちら。「香港の自由と民主主義を守る緊急

行動 #NoExtraditionToChina #TOKYOantiELAB # 香港加油 # 香港反送中　二〇一九年六月十三日」https://www.youtube.com/watch?v=d9vc8nYuAUM

＊7　当日のライブ配信映像はこちら。「国会パブリックビューイングのライブストリーム」https://www.youtube.com/watch?v=qjd39FK9erk

第八章

＊1　同演説の内容は、下記の通り書籍化され、田中信一郎千葉商科大学特別客員准教授とともに私も解説を寄せている。ハーバー・ビジネス・オンライン編『枝野幸男、魂の3時間大演説「安倍政権が不信任に足る7つの理由」』（扶桑社、二〇一八年）。

＊2　内田樹「コミュニケーション能力とは何か？」（二〇一三年十二月二十九日）http://blog.tatsuru.com/2013/12/29_1149.html

＊3　第二章の＊5に同じ。

国会をみるための参考資料

一　国会の概要をホームページで調べる。

衆議院 http://www.shugiin.go.jp
参議院 https://www.sangiin.go.jp

本会議・委員会情報、立法情報、議員情報、国会関連資料、各種手続きなどが確認できます。

二　国会中継にメディアでふれる。

インターネット審議中継
衆議院 http://www.shugiintv.go.jp
参議院 https://www.webtv.sangiin.go.jp

どちらも中継を視聴できるほか、録画映像を検索して視聴することもできます。録画映像は、開会日、会議名、案件名、発言者名などで検索が可能です。

ただし、さかのぼって視聴できる期間が、衆議院と参議院で異なっています。

衆議院インターネット中継は、第一七四回国会（二〇一〇年一月十八日）以降のものが継続して提供されています。参議院インターネット中継については、過去の録画映像は一定期間経過後、順次消去されています。

ＮＨＫテレビ、ＮＨＫラジオ
ＮＨＫ広報局に国会中継について問い合わせたところ、以下の回答を得ました。

「国会中継」は、ＮＨＫの独自の編集・編成判断に基づいて、放送しています。放送にあたっては、政治的公平性確保の観点から、その時々で対応が異なることは好ましくないと判断し、▽本会議の施政方針演説などの政府演説と関連する代表質問、▽衆参両院の予算委員会の基礎的質疑のうち、各会派の第一巡目の質疑、それに▽「党首討論」など、一定の原則のもとに放送しています。

「国会中継」は、基本的に総合テレビとラジオ第1で放送しています。

三　国会を傍聴する。

本会議は、一般傍聴券による傍聴か、国会議員の紹介による傍聴が可能です。一般傍聴券は本会議の当日に、受付窓口で先着順に交付されます。詳しくは、ホームページを確認してください。

衆議院 http://www.shugiin.go.jp/internet/itdb_annai.nsf/html/statucs/tetuzuki/bouchou.htm
参議院 https://www.sangiin.go.jp/japanese/taiken/bochou/kengaku.html

委員会の傍聴には、国会議員の紹介が必要です。

四　国会会議録を読む。

国会会議録検索システム https://kokkai.ndl.go.jp
「詳細検索」により、国会の開催日時、会議名、発言者名などで検索して、会議録を閲覧することができます。

衆議院の会議録は、「衆議院トップページ＞立法情報」からも閲覧することができます（第一五一回国会以降）。
http://www.shugiin.go.jp/internet/index.nsf/html/rippo_top.htm

参議院の会議録は、「トップ＞会議録情報」より、三十日以内に参議院でおこなわれたものを閲覧することができます。
https://www.sangiin.go.jp/japanese/joho1/kaigirok/kaigirok.htm

会議録は公開されるまでに時間がかかる場合があります。各議員のホームページなどには、みずからの質疑内容の速記録が公開されている場合があります。

五　国会を知るための基本図書。

時事通信社政治部監修『【新訂版】図解 国会の楽しい見方』（東京書籍、二〇一八年）
三権分立のなかでの国会の位置付けから始まり、国会の種類、衆議院と参議院、国会対策委員会（国対）の役割、法律の作成過程、常任委員会と特別委員会の違い、国会答弁の作られかた、質問の時間・順番の決められかた、議長の役割、国会議員の仕事、官僚の役割、内閣の仕事、選挙の仕組みなど、国会の概略が図解付きでわかりやすく解説されています。

付録　国会パブリックビューイング。

ツイッター https://twitter.com/kokkaiPV
街頭上映のお知らせ、ユーチューブ配信のお知らせなど、日々の活動情報を発信しています。

フェイスブック https://www.facebook.com/kokkaiPV
ツイッターと同様の情報を掲載しています。

ユーチューブ https://www.youtube.com/channel/UC6WhNqeBdeRh4nS_wMHm35g
独自制作番組『第1話　働き方改革――高プロ危険編』『第2話　働き方改革――ご飯論法編』の字幕付き配信のほか、これまでの緊急街頭上映や第一回シンポジウムの様子などを配信しています。注目の国会審議映像も字幕付きで配信。チャンネル登録をおこなうと、新着映像が通知されます。

アットウィキ https://w.atwiki.jp/kokkai_publicviewing
自分で街頭上映をしてみたい人に向けて、街頭上映のノウハウや機材情報、動画編集ノウハウなどを提供するサイトです。
現在のところ、ホームページを作成していないため、団体の紹介を兼ねています。寄付の受付口座の情報もこちらにあります。

国会パブリックビューイングの主な活動記録

二〇一八年

六月十五日　新橋駅のSL広場にて、国会審議を上西充子のライブ解説付きで街頭上映。「仕事帰りの新橋デモ0615」の同時並行企画。

六月十八日　新宿西口地下広場にて、「日本労働弁護団＋東京過労死を考える家族の会」主催の街頭行動の一部として、国会審議を街頭上映。

六月二十日　秋葉原駅電気街口にて、「日本労働弁護団＋東京過労死を考える家族の会」主催の街頭行動の一部として、国会審議を街頭上映。

六月二十七日　新橋SL広場にて、「日本労働弁護団＋東京過労死を考える家族の会」主催の街頭行動の一部として、国会審議を街頭上映。

六月二十八日　機器情報などを記載した〈国会パブリックビューイング＠ウィキ〉ページを開設。

六月三十日　番組制作と機器購入に向けたクラウドファンディングを開始。

七月一日　国会パブリックビューイングのツイッター開始（アカウントは＠kokkaiPV）。

七月一日　『第1話　働き方改革――高プロ危険編』番組収録。

七月九日　新橋駅のSL広場にて、『第1話』無告知・無人上映。

七月十七日　参議院議員会館一〇一号室にて、『第1話』試写会。質疑応答付き。

七月十九日　新橋TCC試写室にて、『第1話』試写会（二回開催）。

七月二十一日　京都GROVING BASEにて、『第1話』試写会（二回開催）。

七月二十三日　新宿西口地下広場にて、『第1話』ダイジェスト版（十三分）と本編（五十五分）の一部を上映。上西充子のライブ解説付き。

七月三十一日　『第1話』本編（五十五分）とダイジェスト版（十三分）をユーチューブで公開。

八月三日　参議院議員会館講堂にて、第一回シンポジウム『国会を、取り戻す。――国会可視化が政治を変える』（逢坂誠二、荻上チキ、上西充子）。

八月十二日　渋谷駅ハチ公前広場にて、『第1話』ダイジェスト版と本編を上映。

八月十六日　代々木駅西口にて、『第1話』ダイジェスト版を街頭上映。

八月二十二日　代々木駅西口にて、『第1話』街頭上映。

八月二十三日　新宿駅東南口にて、『第1話』街頭上映（日本語字幕付きの初上映）。

八月二十四日　『第1話』日本語字幕版をユーチューブで公開。

八月二十七日　恵比寿駅ロータリー中州にて、『第1話』街頭上映（日本語字幕拡大版初上映）。

九月七日　『第1話』日本語字幕拡大版（街頭上映用日本語字幕版）をユーチューブで公開。

九月七日　『第1話』街頭上映用日本語字幕版の映像ファイルを公開。

九月十六日　大阪・梅田にて、大阪上映交流会＋街頭上映。

九月二十五日　新宿西口地下広場にて、『第1話』街頭上映（二回上映）。

十月七日　松本駅前にて、松本上映交流会（室内上映交流会＋街頭上映）。

十月十一日　代々木駅西口にて、『第1話』を無告知で街頭上映（本編＋ダイジェスト）。小型機器による無告知上映。

十月二十七日　菱化代々木ビルにて、街頭上映講習会ののち、早稲田大学大隈講堂前にて『第1話』街頭上映。

十月二十八日　青山公園におけるJCPサポーターまつりにて、一坪マーケット出店（モニター上映＋映像データをUSBメモリおよびDVDにて配布）。

十一月五日　恵比寿駅前にて、『第1話』街頭上映。

十一月八日　有楽町マリオン近くにて、入管法改正の緊急街頭上映（ライブ解説：上西充子、伊藤圭一）。

十一月十三日　新宿西口地下広場にて、入管法改正の緊急街頭上映（ライブ解説：上西充子、伊藤圭一、中村優介）。

十一月十五日　渋谷駅ハチ公前広場にて、入管法改正の緊急街頭上映（ライブ解説：上西充子、伊藤圭一）。

十一月十五日　同日の緊急街頭上映の動画に、国会審議映像部分を差し替え、ユーチューブで公開。

十一月十六日　有楽町イトシア前にて、入管法改正の緊急街頭上映（ライブ解説：上西充子、伊藤圭一、榑松佐一）。

十一月十八日　十一月十六日の緊急街頭上映の動画に、国会審議映像を差し替え、ユーチューブで公開。

十一月十八日　新宿駅南口にて、入管法改正の緊急街頭上映（ライブ解説：上西充子、伊藤圭一、中村優介）。説明スライド付き。

十一月十九日　参議院議員会館前にて、入管法改正の街頭上映（十一月十六日の有楽町イトシア前における街頭上映映像）。

十一月二十日　入管法改正の街頭上映用映像（十一月十六日のイトシア前における街頭上映映像を編集したもの）を公開。

十一月二十日　『第2話　働き方改革――ご飯論法編』番組収録。

十一月二十四日　札幌にて、札幌上映交流会（『第1話』＋入管法改正）。

十一月二十六日　国会議事堂前にて、入管法改正の街頭上映（十一月十六日の有楽町イトシア前における街頭上映映像）。

十二月一日　水道橋の全水道会館にて、『第2話』完成記念試写会。「ご飯論法を探せ」と題して、『第1話』と『第2話』に収録された国会答弁から「ご飯論法」を見つける企画を併せて実施。

十二月二日　『第2話』をユーチューブで公開。

十二月三日　十二月一日の『第2話』完成記念試写会の動画をユーチューブで公開。

十二月四日　新橋SL広場にて、『第2話』街頭上映。

十二月十日　『第2話』の映像ファイルを公開。

十二月十五日　名古屋にて、上映交流会（『第2話』上映＋『第1話』より「ご飯論法を探せ」）＋街頭上映（『第2話』＋『第1話』）。

十二月二十六日　湘南上映交流会。茅ケ崎駅前にて、『第2話』街頭上映ののち、藤沢にて交流会。

十二月十八日　新宿西口地下広場にて、『第2話』街頭上映（二回上映）。

十二月三十一日　新宿西口地上にて、モニターを用いた街頭上映（『第1話』＋『第2話』）。

二〇一九年

一月九日　『第1話』および『第2話』のラベル付きDVDの配布を開始。
一月二十六日　生協労連にて、毎月勤労統計不正調査問題の緊急ライブ配信（解説：上西充子）。
一月二十八日　新宿西口地下広場にて、毎月勤労統計不正調査問題の緊急街頭上映（ライブ解説：上西充子、伊藤圭一）。
一月二十九日　有楽町駅中央ガード下にて、毎月勤労統計不正調査問題の緊急街頭上映（ライブ解説：上西充子、伊藤圭一）。
一月三十日　一月二十六日の緊急ライブ配信の動画をユーチューブで公開。
一月三十日　一月二十八日の緊急街頭上映の動画に、国会審議映像の部分を差し替え、ユーチューブで公開。
一月三十日　一月二十九日の緊急街頭上映の動画に、国会審議映像の部分を差し替え、ユーチューブで公開。
二月六日　新宿西口地下広場にて、政府統計不正問題の緊急街頭上映（ライブ解説：上西充子、伊藤圭一）。
二月七日　二月六日の緊急街頭上映の動画に、国会審議映像の部分を差し替え、ユーチューブで公開。
二月八日　二月六日の街頭上映の映像ファイルを公開。
二月八日　二月六日の街頭上映のペリスコープ配信。
二月十六日　新宿西口地下広場にて、政府統計不正問題の緊急街頭上映（ライブ解説：上西充子、明石順平）。
二月十六日　同日の緊急街頭上映の動画を、国会審議映像の部分を差し替え、ユーチューブで公開。
三月一日　四谷にて、毎月勤労統計への政治介入問題について緊急ライブ配信（解説：上西充子、伊藤圭一）。
三月八日　三月一日の衆議院本会議における小川淳也議員による根本厚生労働大臣不信任決議案趣旨弁明演説を字幕付きでユーチューブで公開。
三月八日　三月一日の小川淳也議員の趣旨弁明演説の映像ファイルを公開。
三月十日　三月一日の小川淳也議員の趣旨弁明演説の映像をペリスコープ配信。
三月二十六日　新宿西口地下広場にて、「菅官房長官記者会見における質問制限・質問妨害問題」の緊急街頭上映（ライブ解説：上西充子）。
三月二十七日　三月二十六日の緊急街頭上映の動画に、

国会審議等の映像を差し替え、ユーチューブで公開。

四月九日　新宿西口地下広場にて、「『多様な働き方を選択できる社会』とは⁉　働き方改革関連法の4月施行を受けて」を街頭上映（ライブ解説：上西充子、伊藤圭一）。

四月十四日　四月九日の街頭上映の動画に、国会審議等の映像を差し替え、ユーチューブで公開。

六月十二日　国会パブリックビューイング一周年にあたり、上西充子よりビデオメッセージを配信。

六月十二日　日比谷コンベンションホールにて、上西充子が第7回日隅一雄・情報流通促進賞奨励賞を受賞（国会パブリックビューイングの活動に対して）。

六月二十三日　四谷にて、国会パブリックビューイング一周年記念交流会。

十一月四日　新宿西口地下広場にて、「『身の丈』発言が可視化したもの――共通テスト論点整理」を緊急街頭上映（ライブ解説：上西充子、田中真美《たなかまみ》）。

十一月四日　同日の街頭上映の動画に、国会審議部分の映像を差し替え、ユーチューブで公開。

十一月九日　十一月八日の参議院予算委員会における田村智子《たむらともこ》議員の「桜を見る会」に関する質疑を、字幕付きでユーチューブで公開。

十一月十五日　十一月十四日の参議院内閣委員会における田村智子議員の「桜を見る会」に関する質疑を、字幕付きでユーチューブで公開。

十一月二十一日　同日の参議院内閣委員会における田村智子議員の「桜を見る会」に関する質疑を、字幕付きでユーチューブで公開。

十一月二十五日　同日の参議院行政監視委員会における田村智子議員の「桜を見る会」に関する質疑を、字幕付きでユーチューブで公開。

十一月二十五日　同日の参議院行政監視委員会における吉川沙織《よしかわさおり》議員の「桜を見る会」に関する質疑を、字幕付きでユーチューブで公開。

十一月二十九日　同日の参議院地方創生及び消費者問題に関する特別委員会における大門実紀史《だいもんみきし》議員の「桜を見る会」に関する質疑を、字幕付きでユーチューブで公開。

十二月一日　新宿西口地下広場にて、「桜を見る会」に関する田村智子議員の四回の質疑（十一月八日、十四日、二十一日、二十五日）を街頭上映。

十二月八日　新宿西口地下広場にて、「桜を見る会」に関する十一月八日の田村智子議員の質疑と、十一月二十九日の大門実紀史議員の質疑を街頭上映。

十二月十一日　十二月四日の参議院地方創生及び消費者問題に関する特別委員会における大門実紀史議員の「桜を見る会」に関する質疑を、字幕付きでユーチューブで公開。あわせて映像ファイルを公開。

十二月十七日　新宿西口地下広場にて、「桜を見る会」に関する田村智子議員と大門実紀史議員の質疑を街頭上映したうえで、同問題に関する野党合同ヒアリングの役割について、同ヒアリングの様子を街頭上映しつつ、石垣《いしがき》のりこ議員と上西充子によるライブトークを実施。

十二月二十四日　新宿西口地下広場にて、「桜を見る会」に関する十一月八日の田村智子議員の質疑を上西充子のライブ解説付きで街頭上映。田村議員を特別ゲストに迎え、質疑を振り返りつつ、ライブトークを実施。

十二月二十五日　十二月二十四日の街頭上映の動画に、国会審議部分の映像を差し替え、ユーチューブで公開。

十二月二十五日　十二月二十四日の街頭上映の動画を収録したＤＶＤ『田村智子議員ゲスト出演・緊急街頭上映「桜を見る会」ビフォー・アフター』の作成に着手。希望者の募集を開始。

十二月二十七日　十二月十七日のライブトークの動画をユーチューブで公開。

臨時国会は、参議院規則に基づいた野党による予算委員会の開会要求に応えることのないまま、十二月九日に閉会した。

安倍晋三首相主宰の「桜を見る会」への首相や官僚による後援会関係者の大量招待や反社会的勢力への招待状送付が問われているなかで、招待者名簿は「一年未満」保存の文書に位置づけてすでに破棄したとされており、検証に耐えうる公文書管理のありかたが改めて問われることとなっている。

電子データも「復元することは考えていない」と十二月十日に閣議決定。「反社会的勢力」についても、「あらかじめ限定的、かつ、統一的に定義することは困難」と同日に閣議決定するなど、責任のがれの姿勢が顕著だ。

日本テレビ系のニュースネットワークであるＮＮＮと読売新聞が十二月十三日から十五日にかけておこなった世論調査によれば、「桜を見る会」をめぐる一連の問題について、政府のこれまでの説明に「納得していない」とする者が七十五パーセントにのぼった。

（上西充子）

国《こつ》会《かい》をみよう

国会《こつかい》パブリックビューイングの試《こころ》み

発行日　2020年２月29日　第１刷発行

著　者　上西《うえにし》充《みつ》子《こ》

発行者　鈴木晴彦

発行所　株式会社 集英社クリエイティブ
〒101-0051　東京都千代田区神田神保町2-23-1
電話 03-3239-3811

発売所　株式会社 集英社
〒101-8050　東京都千代田区一ツ橋2-5-10
電話　販売部 03-3230-6393（書店専用）
読者係 03-3230-6080

印刷所　大日本印刷株式会社

製本所　株式会社ブックアート

ISBN 978-4-420-31087-1 C0095